minguodalvshi

民国大律师

韩松 王银新 ——— 编著

团结出版社

图书在版编目（CIP）数据

民国大律师 / 韩松，王银新编著. -- 北京 ：团结
出版社，2019.3
ISBN 978-7-5126-6685-6

Ⅰ．①民… Ⅱ．①韩… ②王… Ⅲ．①律师－列传－
中国－民国 Ⅳ．①K825.19

中国版本图书馆 CIP 数据核字(2018)第 233561 号

出　　版：团结出版社
　　　　　（北京市东城区东皇城根南街 84 号　邮编：100006）
电　　话：（010）65228880　65244790　（出版社）
　　　　　（010）65238766　85113874　65133603（发行部）
　　　　　（010）65133603（邮购）
网　　址：http://www.tjpress.com
E-mail：zb65244790@vip.163.com
　　　　　fx65133603@163.com（发行部邮购）
经　　销：全国新华书店
印　　装：三河市东方印刷有限公司

开　　本：145mm×210mm　　32 开
印　　张：9.125
字　　数：147 千字
印　　数：4045
版　　次：2019 年 3 月　第 1 版
印　　次：2019 年 3 月　第 1 次印刷

书　　号：978-7-5126-6685-6
定　　价：32.00 元

《民国大律师》序言

管子有云，"法者，天下之仪也。所以决疑而明是非也，百姓所县命也。"正因法律如此重要，从事法律服务行业的律师亦被寄予较高的社会期望和社会责任。

在中国，"律师"这一职业是舶来品，历史不算悠久。中国古代并没有现代意义的辩护人或律师制度。帮人写状子的，被称为"刀笔先生"，多被贬称为"讼师"或"讼棍"。直至清末，在沈家本、伍廷芳主持拟定的《刑事民事诉讼法》中，才首次提到"律师"，规定律师可以"写状呈堂、上堂辩护、堂询原告和证人、代被告辩护和引申案例辩论"等。1912年9月16日，北洋政府在中国历史上颁布实施了第一部关于律师制度和律师职业的单行法规——《律师暂行章程》，它标志着中国现代律师制度的正式建立。

中华人民共和国成立以后，律师制度进入新一轮变迁，曾一度被废止。自"文革"结束，审判"四人帮"始，律师脱胎换骨，"戴着王冠而来"，手握"正义的宝剑"，成为和"法检公"一样，为人民伸张正义、维护国家利益与公共秩序的法律工作者。

改革开放四十年，律师职业又随之发生巨变。律师成为社会主义市场经济中不可或缺的力量，律师职业的形象也逐渐改变。律师职业已不再限于"受当事人之委托或审判衙门之命令在审判衙门执行法定职务并得依特别法之规定在特别审判衙门行其职务"，现今法律服务已覆盖经济、文化、政治与社会等各个方面。法律服务的多元性至少体现于服务经济发展、参与社会治理、促进法治建设三个方面。但在公众心目中，律师往往被视为出售法律专业知识，以法律作为谋生手段的群体，"大律师"的标准形象，似乎就像电视剧《何以笙箫默》展现的那样，出入豪门、日进斗金，同时又能运筹帷幄，操作若干大型交易。而法律服务保障交易安全、降低交易成本和维护社会公平、促进社会进步的作用往往被忽视或低估。

不同于英国区分出庭律师（"大律师，Barrister"）和事务律师（"律师、Solicitor"），中国律师制度并无大律师与律师之分。金庸先生有云，"侠之大者，为国为民"，律师之大者，亦当如是。"大律师"者，必不甘藏于法律形式主义的象牙塔内，做一个"精致的利己主义者"，也不会满足于在各种利益之间和规则边缘长袖善舞。他们在法律复杂的技术细节之中，仍然关注民众疾苦，抱有法治情怀。他们既懂得为客户热忱服务，又勇于维护公众利益。他们既尊重理性与规则，又坚守道德与信念。

本书主要介绍民国历史上八位大律师的风采。他们是："天字第一号"律师曹汝霖、总长大律师章士钊、著名"民国私奔案"辩护律师宋铭勋、"诗人律师"吴凯声、护花使者朱斯荦、传奇女律师郑毓秀、津门女律师纪清漪和侠义女君子史良。他们或因目睹中国司法的黑暗而更加明确律师理想，或为女子谋求经济独立奔走呼号，或秉承初心并始终为正义而战。他们如陈丹青先生所评价的，是"敢作敢为，有豪情，有胆气"的好律师。

民国大律师们的故事，带给我们更多思考。全书重点讲述八位大律师所经手的重大案件，历史背景与个人特色，记录了民国时期律师职业的处境，突出了在那个特殊的历史阶段，大律师们如何展现出律师职业的魅力。他们的每一次职业出场都勾连着时代的喧嚣，个人的传奇色彩和离奇的案件浑然一体，让尘封的法律卷宗重新散发出迷人的历史沉香。作者从现实的细微处入手，以文字记录、沟通历史和现实，探寻现实变迁的历史纵深感，以优秀笔风记录法治的进程、见证时代的变迁、映射社会的进步。

　　本书将八位民国大律师的事迹结集成集，不仅具有历史意义，还饱含人生启示。值得一读！

上海律师协会会长　俞卫锋

2018 年 11 月 17 日于上海

目 录

contents

第一章 "天字第一号"律师——曹汝霖

2 　一桩离奇的离婚案

18 　奸非致死之辩诉状

23 　一场大火和一个标签

31 　并非造化弄人

第二章 　总长大律师——章士钊

38 　鲁迅的起诉书

45 　"苏报案"主犯

49 　两次不同寻常的义务辩护

81 　精彩绝伦的辩护书

第三章 "民国私奔案"辩护律师——宋铭勋

90 黄慧如其人

98 离奇私奔案的法庭博弈

105 人生如戏

第四章 诗人律师——吴凯声

112 伸张正义的法律援助

120 国民党员为共产党员辩护

136 "三道头"挨的一掌两拳

138 "赵飞燕"的离婚案

141 闲话惹出的官司

第五章 护花使者——朱斯菲

152 雏妓的新生

163 稳操胜券的官司输了

171 晚年的落寞

第六章 传奇女律师——郑毓秀

178 刺客和她的玫瑰手枪

187　梅孟离婚案

196　中国女权运动先驱

208　大使夫人

第七章　津门女律师——纪清漪

216　突如其来的"父亲"

221　纪清漪和《田中奏折》

225　隐藏的阴谋

236　纪氏家训

第八章　侠义女君子——史良

242　史良是谁

248　营救邓中夏

256　为地下党员"保驾护航"

264　女中豪杰

272　起草《婚姻法草案》

277　后记

第一章 "天字第一号"律师
——曹汝霖

二十世纪初期，中国传统的讼师退出历史舞台，崭新的律师制度应运而生，第一位获得民国律师资格证的律师后来为什么被披上了"卖国贼"的标签？

一桩离奇的离婚案

坐落于北京松树胡同的一处民居，既是曹汝霖的家宅，也是他开办的律师事务所。

民国元年，也就是1912年的冬天，曹汝霖像往常一样接了一个官司，是一桩离婚案。然而当事人的特殊身份，却使这宗普通的离婚案，成为当时轰动一时的离奇案件。在北京，一桩千古奇闻让刚剪掉辫子的国人在茶楼里，多了一个沸腾的话题：妓女要和太监打离婚官司。

大家谈及的这名妓女叫程月贞，曾经是红极一时的江淮名妓，自恃风韵犹存，于是北上京都，在八大胡同继续卖笑，然而毕竟年老色衰，生存的危机感让她渴望早一天能被赎身而从良，终于有一天，她遇见了来妓院讨老婆的一个太监。

太监叫张静轩，中华民国成立后，张静轩离开紫禁城转行做起了商人。他先开了一家球馆，后来又买了几处房产，当起了房东，小日子过得红红火火、有滋有味。这时候，身为太监的他也开始"温饱思淫欲"，虽然力不从心，但也要用妻妾成群来装点门面。

先前在紫禁城时，宫里太监和宫女因为寂寞而互相安慰，在一起搭伙吃饭，做挂名夫妻，俗称叫"结菜户"。但张静轩在宫里有些权势又有些钱，看不上只是做"结菜户"，离宫后，更是希望能找个良家妇女共度余生。

相信有钱能使鬼推磨的张静轩让媒婆四处张罗，可正常人家的女子谁会嫁给一个太监。万般无奈的张静轩只能降低标准，于是媒婆给他介绍了一个妓女，第二天，张静轩美滋滋地跑到妓院去提亲。程月贞和张静轩一拍即合，从此欢欢喜喜过起了小日子。

原本以为嫁给张静轩后可以安安稳稳过上远离风尘的日子，不料，进门第一天，程月贞原以为自己被八抬大轿风风光光娶进门，是个正室，竟然却发现自己不过是张静轩纳的一个小妾。嫁了个老太监，还是个偏房，程月贞除了郁闷剩下的就只有失落了。

尽管没有得到应有的名分，但总比在烟花场中了此残生强得多，想到自己的男人毕竟是个殷富的商人，从此吃喝不愁，于是程月贞决定将这段婚姻维持下去。

然而接下来的日子使她感到自己逃离苦海又跳进了火坑。由于张静轩生理缺陷而导致的心理扭曲，使得他成了一个不折不扣的虐待狂，在家中大耍男子汉威风，对程月贞动辄呵斥，稍有不顺即拳脚相加。程月贞悔不当初，认识到自己真是嫁错了人。

1912年深冬的一天，张、程两人又因家庭琐事发生了口角。争执间家中有客造访，尽管有外人在场，程月贞也丝毫没给张静轩一点面子，继续大吵大闹。匆忙送走客人后，张静轩不由分说顺手抄起一根木棒，照着程月贞劈头盖脸地狠狠地打了过去。程月贞疼痛难忍，只好哭着跪地求饶。当天，张静轩刚一离开家门，她就忍着疼痛收拾细软逃到一个先前同是妓女的姐妹家里。

张静轩发现程月贞不见后，四处打探程月贞的行踪，几天过后，仍然杳无音信，寻不到人的张静轩只好托人捎话给程月贞，只要能退还赎身钱，把拿走的东西还回来，何去何从一切由她。

让张静轩没有想到的是，人没找到，却意外地等到了一张法院的传票，更让他大吃一惊的是程月贞居然要跟他离婚。

民国元年，政府颁布《中华民国（暂行）民律草案》，其中条款规定：妇女有离婚的权利，躲在姐妹家中的程月贞当时还不太相信当今有这样的法律，身为名妓，见识并非一般妓女所及，于是，她到处托人找关系打听，是不是官府现在准许离婚了。

得到确认的答复后，程月贞决定和太监丈夫对簿公堂，一纸诉状把张静轩告上了法庭，向京师地方审判厅提出离婚，并决定花费100大洋，请京城名气最大的律师曹汝霖为其代理这桩离婚官司。

而此时的曹汝霖从事律师职业也刚刚不过几个月，此前他曾是民国参议院议员。

中华民国成立后，新朝自然没有起用前清的外务部副大臣曹汝霖。有一天，曹汝霖在袁世凯的办公桌上看到一封信，出于好奇心他随手拿过来翻阅。信的内容让曹汝霖心凉了半截。新政府成立之际有三人不可用，一为赵秉钧，二为乌珍，第三个就是曹汝霖。曹汝霖与新贵的恩怨源于早年的留日岁月。曹汝霖，生于清朝光绪二年（1876年）农历十二月，出

清朝末年，由美国人设计建造的迎宾馆是当时北京城内最豪华的西洋风格建筑。1912 年 3 月，袁世凯在此处就任中华民国临时大总统。

生时母亲难产，他侥幸来到人间。六月的他又提前出天花，虚惊一场后脸上却没有留下麻子。祖父见他从小就多磨难，掐指一算孙子八字五行缺水，所以命名为汝霖，字润田。在江南制造局供职的祖父希望曹汝霖考取功名，曹汝霖不负众望，十八岁时考中了秀才，但因八股文实在无趣，于是他自绝科举之路，投考了汉阳铁路学堂。不久，恰逢清政府派学生到日本留学，曹汝霖家中卖掉两亩水田，给他攒足了学费。得以使他东渡日本留学。

留学期间，曹汝霖是君主立宪论的倡导者，在一次留学生集会上，他上台侃侃而谈："我是主张君主立宪的，现在政府腐败，非改革不可，譬如拆去巨宅，重建新宅，仍留君主虚位，留一点元气，免得人民流血，要知破坏容易，建设繁难，试观法国大革命，虽然推翻王朝，成了共和政体，嗣后战乱频仍，牺牲了多少人命，流了多少的血，闹了几十年，尚没有太平。我们不应只看今日法国的繁荣，而忘了法国革命历史之惨痛！"正当他讲得慷慨激昂的时候，坐在旁边主张共和论的张继气愤地站起来与他辩论，并弯腰抄起皮鞋向他砸了过去，曹汝霖不甘示弱以牙还牙，也脱下自己的皮鞋向张继扔了过去。

回国后，更让革命党无法忍受的是曹汝霖在朝堂之上给慈禧大讲特讲君主立宪。

区区一介书生，何以入得了老佛爷的法眼？这得益于清政府的留学生选拔考试，曹汝霖以第二名的成绩成为中国最早的"海归翰林"。也是朝廷里屈指可数的日本问题专家。

庚子赔款后，花了大把银子的慈禧想知道大清如果立宪究竟会怎样，于是决定召见曹汝霖。召见之前，袁世凯特别叮嘱曹汝霖，告诉他此番召见，老佛爷必定有所垂询，让他做好充分准备。果然，慈禧开门见山，向曹汝霖问询日本立宪的由来，何时立宪，立宪前都曾到哪些国家考察，最终以哪国的宪法作为参考蓝本，议会的上下两院如何，议员是如何产生的等等问题。由此可见，在召见曹汝霖之前，慈禧对日本议会的问题做了大量的功课，她最关注的是立宪之后，会不会天下大乱，因此，慈禧特别问道："日本国会开会，是不是时常会有党派之间相互争吵？"曹汝霖如实回答："的确如此，但是朝议决定之后，各党会摒弃争议变得更加团结。"曹汝霖以日俄战争为例，战争前各党争议不休，最后御前会议讨论，天皇决定宣战，日本国会的两大党随即一致主战。慈禧听到此，不由长叹一声说："唉，咱们中国即坏在不能团结！"曹汝霖的陈述很显然没有消除慈禧对大清立宪后可能出乱子的担心，颇能揣度老佛爷心思的曹汝霖，随后上奏了一句："以臣愚见，若是有了宪法，开了国会，即能团结。"慈禧听罢诧异地大声问道："怎么着，有了宪法国会，即可团结吗？"曹汝霖回答说："立了宪，宪法就是国家的立法中心，议员都是民众选出来的精英，是领导核心，内阁总理大臣，是国会和皇帝钦命的，属于行政中心，这两个中心，都围绕着宪法中心做事，如果意见相左，总理大臣可以被弹劾，同时总理大臣也可解散议会重选。只要总理大臣选对了人，国会和行政就能和衷共济。"至此，据曹汝霖后来回忆，慈禧"若有所思，半晌不语"。

这个特殊的经历，使主张君主立宪的曹汝霖被主张共和的革命党人视为眼中钉肉中刺。遭到新生的中华民国抛弃也在情理之中。

1912 年，中华民国司法部成立，同年 9 月 16 日公布施行了《律师暂行章程》。《律师暂行章程》规定，执业律师需要经过资格考试，但"在外国大学或专门学校以及中国国立、公立大学或专门学校学习法律三年以上，获得毕业文凭者"，可不经考试，自行获得律师资格。

早年留学日本东京法学院学习法律的曹汝霖，符合免试标准，顺利地拿到了律师证书。这似乎是老天给了官场失意的曹汝霖一个金灿灿的饭碗。让他没有想到的是证书编号居然是民国第 1 号，就这样，袁世凯北京临时政府秘书厅职员曹汝霖，成为了中国建立律师制度之后的第一位本土执业律师。

多少年后，学界对于曹汝霖是不是中国第一个律师有过一番争议。许多文章、资料中都想当然地认为伍廷芳是"中国律师第一人"，其实并不准确。

伍廷芳（1842—1922年），1874年留学英国，是中国自费留学第一人、中国近代第一个法学博士，后获得英国大律师资格，回到香港任律师。南京成立临时政府后被孙中山任命为司法总长，曾代表南京与袁世凯就清帝退位等具体事务进行协商。准确地说，伍廷芳是中国人取得外国律师资格第一人，这一点，邹鲁在《中国国民党史稿》中说得很明白："论者谓国人得为外国律师者，公为第一人。"伍廷芳对民国律师制度的建立和宣传起了重要作用，其主要著作有《伍廷芳集》《中华民国图治刍议》《美国视察记》《伍秩庸先生公牍》等。从中国本土论的角度，曹汝霖才是真正取得中国律师资格第一人。

根据当时颁布的《律师暂行章程》规定，律师事务所无须另辟办公场所，所以曹汝霖就把律师事务所设在北京松树胡同家中。

从政府高官下海做律师的曹汝霖，曾经接过一桩所谓的死刑铁案。经曹汝霖辩护，这桩由死刑改判无罪释放的案子，让曹汝霖名声大噪，从此曹府门庭若市。1912年的冬天，程

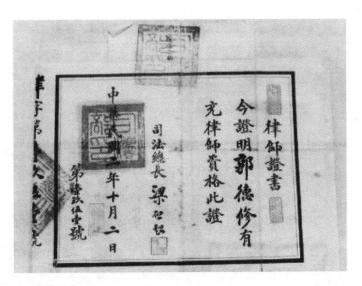

这是民国二年的一份律师证书，曹汝霖作为"天字第一号"律师的证书应该就是如此。

月贞慕名而来，希望这位"民国天字第一号"大律师帮她打赢这场离婚官司。

曹汝霖在和程月贞交谈中得知，程月贞不想把钱还给丈夫张静轩，更不打算退还从家中取走的那些细软，而是动起了离婚的念头。

听完她的陈述，曹汝霖当时跟程月贞讲，"你这个离婚案子，不是那么容易办，有一定的难度"。程月贞很奇怪，就问曹汝霖："既然我作为夫妻一方，我特别想离，政府也支持我离，那么为什么我不能离？"曹汝霖告诉她，如果张静轩不同意离婚，她这个婚就很难离。正在曹汝霖一筹莫展之际，程月贞的一番话让曹汝霖对这个案子多了几分信心。

程月贞说，张静轩其实最心疼的不是这段婚姻，不是他这个老婆，而是心疼他这个银子。这个太监他最在乎的是银子，所以卷走了他的银子就是要了他的命。

昔日的妓女与太监如今对簿公堂闹离婚，这让当时的很多人都觉得新鲜。庭审当天，审判厅外聚集了大量的民众，人们议论纷纷。

大多数人希望程月贞败诉，觉得妇道人家还是要安守妇道，守本分。虽然张静轩是一个太监，生理上有缺陷，但是毕竟一开始帮助过她，当时民间的舆论一边倒地支持张静轩。

曹汝霖根据程月贞的口述，厘清了程月贞离婚事由的来龙去脉。在法庭上，曹汝霖提出离婚起诉的三个理由：第一，被告是太监；第二，被告原有妻子，有重婚嫌疑；第三，被告对原告实施虐待。因此恳请法庭准予离婚。

民国初年的庭审，基本的框架已构建。首先由原告说明他的诉求，然后再由法官来询问、质证，再由被告进行回答，进行质证，最终双方辩论，然后休庭，法官合议，得出结论。

庭审法官听完申诉后当即表态，按照民国法律规定，离婚原因超过一年，不得起诉，因而第一条、第二条两条理由不能成立，法官在这里实际上是利用诉讼时效问题加以否定。而对第三条"遭受虐待"，则提出"需要证据"，不能空口无凭。

法官的这番话，曹汝霖隐隐地感觉程月贞的这个离婚道路被法官堵死了，令他十分不解的是，作为一个律师，法庭为什么连他的代理意见还没有听完，就未审先判？

然而就在案件看似败局已定的时候，太监张静轩的一句话让曹汝霖抓住了机会。

张静轩向法庭提出他的几点要求，第一条就是，不反对离婚，要求返还当时赎身的三百元，同时要求法庭追缴程月贞随身带走的财产。

真的是无巧不成书，本来眼看这场官司要打输，但是，张静轩的这番话，一下子让曹汝霖抓到了法律上的漏洞，抓住了张静轩的软肋，这个案子又有了很大的转机。

熟悉法律法规的曹汝霖如获至宝，随即当庭申诉：无论是前清还是民国，都禁止人口买卖，他在关键之处，让赎身和拐卖人口这两个词产生了关联性，而最终使得法官明白，作为被告有拐卖人口之嫌疑，并最终影响了整个案件的走势。

被告要求原告偿还赎身钱，没有法律依据，至于原告所携带的财物，大多为原告衣饰等生活用品，自当归原告所有，被告要求归还，不合法理。

张静轩当庭又改口，声称那三百元钱不是赎身钱，而是程月贞所欠债务。并出示了一张写有张静轩代程月贞偿还债务三百元的收款字据。

面对这张字据，曹汝霖按照《民国暂行民律草案》规定，提出如下申辩理由：婚前有特定契约按特定契约执行，否则婚姻成立之时，债权债务之主体合并，由夫妻双方共同承担。

这时，法庭上的张静轩觉得自己将要人财两空，吃了大亏，于是马上改口，只要程月贞归还三百银元和随身携带财产，他便同意离婚，否则就坚决不离。一时间，张静轩把法庭当成讨价还价的菜市场了。

面对张静轩视公堂为儿戏的荒唐之举，曹汝霖明确指出：离婚涉及人身，属于公益范畴，钱债只涉及财产，属于私益范畴，二者不可混为一谈。如果为钱财的原因而约束离婚之自由，与法理大相径庭。

最后，京师审判厅的判决基本接受了律师曹汝霖的代理意见，不但将赎身价款的支付认定是张静轩的自愿行为，"不予返还"，而且明确了财产债务问题，不得作为离婚的障碍。程月贞最终获得自由。

民国之初，一个离婚案通过这种公开审判的方式去审理，彰显了结婚自由、离婚自由，包括复婚自由的法理精神，也普及了权利应当由谁来主掌的法律常识。曹汝霖无意间经办的这桩离婚案应当说在近代中国司法史上具有一定的划时代意义。

这个离奇的离婚案同时催生了一篇令后世同行汗颜的奇文，它出自北京地方审判厅的林鼎章之手，后收录于民国期间出版的《刀笔菁华》中。

京师张静轩，原系清廷太监，拥资甚富，安于思淫。早岁娶某氏女，因乏姿色，乃谋小星。央媒赵妈，出资三百金，买王乐户之女程月贞为妾。初甚相爱，两人曾行正式婚仪，作为夫妇，并将月贞母王妈迎养于家，和好有年。讵一日静轩方因事外出，而月贞遂趁机盗取衣饰逃去，一面延曹汝霖大律师缮状呈诉京师某法院，要求与张静轩离婚。其理由，一则因张系太监，不能娶妻；二则因张尚有正妻在室，不应重婚；三因张虐待不堪，并及其母。状进，即行公开辩论。审判长以两造感情以伤，势难在合，询诸双方，均愿离婚。法庭以实属滑稽，乃以滑稽文章判之。其措词既滑稽好笑，其文字又工致可玩。判云："此案程月贞提起离婚之诉，根据三种理由，曰太监也，重婚也，虐待不堪也。但使三者有一，已与法理相背。然据趋重家族主义之立法例，配偶者知有离婚原因，逾一年者不得起诉。则前两种之理由已不成立，至其根据第三理由，则须有其他事实上之证明，不能凭空言提诉。但张静轩之辩诉状及口头陈述，均称甘心离婚。可见双方爱情，业已断绝。至张请追还身价并追程所携逃动产等情，查人身不得为所有权目的物，前清之季，已悬厉禁，况在民国？前此身价之款，岂容有要偿权？张又变其主张，谓我乃代彼还债，有字据为凭，并非身价之比等语。夫程因张代还债务，故愿为其使女。是时程之对张，固明明负有债务，而以劳力为辨济。然张既娶程之后，则依中国惯习，夫妇财产，并无区别。婚姻成立之时，债权债务之主体合并，权利即已消灭。从前既无特定契约，事后岂能重新主张？至程随身必需之衣服首饰，按诸法理，亦无褫剥一空以偿债权之办法。张又谓非将随身银元及拐携钱物追缴，实难从其离婚等语。殊不知离婚乃关于公益之事项，还债仅关于私益之事项。若因钱债之故，而遂拘束其离婚之自由，与法理未免径庭。况张蚕室余身，只应雌伏，而鹊桥密誓，竟作雄飞。陈宝得雌，固已一之谓甚。齐人处室，乃欲二者得兼，而如程者，籍隶章台，身非闺媛。桃花轻薄，本逐水而无常。柳絮颠狂，岂沾泥而遽定？在程既下堂求去，不甘鸳谱之虚联。在张自覆水难收，无望鸾胶之再续。倘必作兼葭倚玉之想，求破镜之重圆，恐复有蒹藜据石之占，叹入宫而不见。所以聚头萍絮，何如池水分流？并命蕙莲，仅许花风吹散。至若玉台下聘，虽有千金，而金屋藏娇，倏将二载，一双绦脱，既经璧合于羊权，十万聘钱，讵望珠还于牛女。是则程固可请从此逝，而张亦无容过事要求者也。虽然事非所天，黄鹄不妨高举。而物各有主，青蚨何可乱飞。同衾人纵许裙分，阿堵物岂容席卷。盖一则监守自盗，未能举证剖明，一则人财两空，亦应原情矜恤。用定期限，勒令偿还。"

这篇判书情理并重，文采不凡，可结果读完之后程月贞稀里糊涂。她问林鼎章道："请问堂上，这到底是准不准我和张静轩离婚呢？"听者无不开怀。直到林鼎章把判决书详细地跟程月贞讲解了一遍，程月贞才恍然大悟。

本来，程月贞背弃诺言，卷财而逃，与当时的主流社会舆论相背离，律师曹汝霖介入后，竟"逆袭"成功。

案件宣判完毕，民国初年的这场离奇离婚案从此尘埃落定。一年后，有人在石头胡同的妓院里看到了程月贞的身影，跳出不幸婚姻火坑的她，在那里继续残喘着生活的噩梦。

奸非致死之辩诉状

据记载，在民国元年九月至十二月期间，大理院当时受理的刑事上诉案总共37件，其中19件以曹汝霖为被告辩护人。民国初年有一本律师诉状汇编畅销书——《刀笔精华》，收录了当时33篇经典的律师诉状，其中开头的两篇即为曹汝霖办理的两起案件的诉状，《奸非致死之辩诉状》和《烟案俱溪近泉声在枕边，月移梅影到窗前。水沉烟冷灯花落，半夜酒醒人不眠。

静夫先生正　曹汝霖

曹汝霖手抄古诗：溪近泉声在枕边，月移梅影到窗前。水沉烟冷灯花落，半夜酒醒人不眠。

发之上诉状》，可见当时曹汝霖办理案件产生的社会影响。

这篇《奸非致死之辩诉状》所涉及的案子比太监妓女离婚案还要让人瞠目结舌。

1913 年初秋，曹汝霖得闲和朋友相约到上海吴淞游玩。中午在一家酒楼聚餐，席间，邻桌几位食客的谈话内容，引起了曹汝霖的兴趣。

当时邻桌有几个男子正在高声谈论着本地最近发生的一个奇怪案件。原来是两个女子"强奸"一个男子，致使男子忽然死亡，曹汝霖职业的敏感性，觉得这里很蹊跷，他就上前找那几个邻桌的男子询问这个案情。

原来是上海宝山地方一户周姓人家，有一双待字闺中的姐妹，叫凤宝、蓉宝。与一般村姑不同，姐妹俩丰乳肥臀，且天性风骚，每日里与周边的无赖斯混。这一年秋初，姐妹二人正在田间劳作。恰逢一位叫李甲的糟坊学徒路过此地，于是二姐妹与李甲席地交欢，几番云雨后，致使李甲脱精而亡。顿时，两姐妹手足无措，看着李甲呆若木鸡。说来也巧，此时正好有一个巡警路过，看到这种情况就问姐妹俩到底发生了什么。于是巡警把两姐妹带到派出所，派出所所长见状，认为事关人命不敢自行处理，就把两姐妹送到县署。此时正值民国初年，中国绝大多数县仍实行行政司法合一体制，县长监理司法。以事实确凿为由，认定李甲因被周氏姐妹轮奸丧命。考虑到李甲因贪欢被误杀情有可原，周氏姐妹被减刑入狱。

听完后，曹汝霖问他们："你们当地就没有懂法律的人吗？"大家一时愣住了，不明白曹汝霖说的是什么，曹汝霖向他们解释：周氏姊妹这样被判是冤枉的。消息不胫而走，周家的亲戚沈某闻讯而来，求曹汝霖代笔为周氏姐妹辩白，曹汝霖不求一分回报慷慨地答应了。于是当场挥毫写了一篇诉状，上诉到江苏省高等法庭。

江苏省高等审判厅的法官不久收到了周家人送过来的这样一张状纸：

为不服周凤宝、周蓉宝奸非致死李甲一案，提起控诉事。窃本案事属奸毙，本无疑义。李甲为控诉人因奸致毙，事实昭彰，又无辩论余地。惟本案理虽云然，法尚未妥。其最要之点，研究李甲是否为控诉人强迫成奸。设无强迫行为，是属双方和诱相奸者，当然不负刑事责任。查犯罪之成立，须以犯罪者是否有此能力为标准。设无能力，虽有犯罪嫌疑，故不能强以罪状加诸也。今控诉人系弱质少女，既无强迫求奸之能力，又无致人死地之要素。设李甲而不愿和诱也，控诉人焉能相强，何致毙命？李甲而情甘相欢也，贪欲丧身，虽死奚怨？咎由自取，报有应受！谓伯仁王导的堂兄江州刺史王敦，永昌元年起兵，攻入建业，以旧怨杀周。事前曾告诉王导，王导没有表态。后来王导得知周顗曾在元帝面前为王敦谋反的事，多次为自己辩护，于是痛哭流涕说："吾虽不杀伯仁，伯仁因我而死。幽冥之中，负此良友！"因我而死则可，加害果非其罪也。律诸刑诉，妇女无强奸男子之名案，原判何能比拟男子奸死女子之条文？任意援引，法所不容。请撤销原判，以伸冤抑。

　　看到诉讼状条理清楚，而且于法有据，振振有词，法官心想这么漂亮的一个状纸，一定是高人操刀，高人指点。

　　但如此不同寻常的命案，又没有成案可以参照，江苏高等审判厅不敢决断。于是，将此案用电报上报京师，请最高法院定夺。最高法院复电：此案法律无明文，不为罪。据此，江苏高等审判厅宣告周家姊妹无罪。这桩奇案和曹汝霖的义举，也成为人们茶余饭后的谈资。

一场大火和一个标签

在曹汝霖律师做得风生水起之时，一个电话改变了他的命运。

1913年初夏的一天，正在家中起草诉状的曹汝霖被袁世凯电话召入总统府。一进门袁世凯就问他："何必做律师，律师不是等于以前的讼师吗？"曹汝霖对此正色答道："律师与讼师，绝对不同，律师根据法律，保障人权，讼师则歪曲事实，于中取利。"中国历史上的讼师受人聘请，以代写诉状为生，没有从业资格限制。他们可能因以法维权而赢得讼师的尊称，更多的则是为金钱利益而搬弄是非，挑拨争讼，因此，很多人称他们为"讼棍"。

讼师和律师说起来只有一字之差，但当时人们的理解，他们之间似乎也只有一步之遥。

1877年，正在英国留学的伍廷芳前去拜见中国第一位常驻公使郭嵩焘，在当天的日记中郭嵩焘这样写道：*新会伍秩庸（廷芳）来见，专以学律来此，为讼师已三年矣*。由此可见，作为在外国第一位取得律师资格的伍廷芳，在这位颇有见识的大清官员的眼中不过也就是一个讼师。

当得知曹汝霖律师收入每月两千元左右时，袁世凯力劝曹汝霖不能只图个人安乐，应替国家效力。不久民国政府委以曹汝霖外交部次长重任，从此曹汝霖离开了律师界。

作为外交官他经手的第一件事就是日后让他和袁世凯身负骂名的"二十一条"。

1914年，第一次世界大战爆发，一直被袁世凯用以制衡日本的英、俄、德等国鏖战欧洲。曾任日本首相的井上馨认为欧洲大战天佑日本，主张趁机"确立日本对东洋之利权"。1914年9月，日本作为英国的同盟国，在中国向德国宣战，随即出兵占领胶济路和青岛，同时日本内阁随后决定，在山东战区实行军事管制。中国就此与日本展开外交谈判。

1915年1月18日，日本驻华公使日置益违背外交惯例，越过外交部前往怀仁堂把日本对中国的二十一条要求递交给袁世凯，并且逐一加以说明：1.要求中国政府"严守秘密"并尽快答复，同时不得将内容泄露给第三国，否则后果自负。2."二十一条要求照会所用之纸，有无畏舰及机关枪之水印"。

3. 日置益还威胁袁世凯说：中国革命党"与政府外之有力日人有密切之关系，除非中国政府给予友谊证明，日本政府直不能阻止此辈之扰乱中国"。

面对如此威逼，正如曹汝霖、顾维钧所说："'二十一条'直以朝鲜、埃及待我。"袁世凯忍无可忍地对日置益表示："日本竟以亡国奴视中国，中国绝不做高丽第二。"

当晚，袁世凯便召集国务卿徐世昌、外交总长孙宝琦、外交次长曹汝霖、税务处督办梁士诒等人共同商讨应对之策。最终达成一致意见，由袁世凯拍板决定和日方谈判。

日本公使日置益提"二十一条"日文原件

3 月 8 日，日置益访晤曹汝霖，他告诉这位民国外交次长："若于数日之内无满意之承认，恐生不测之事"。1915 年 5 月 7 日，袁世凯收到限 48 小时之内满足日本要求的最后通牒。

为了给谈判赢得更多的时间，袁世凯尽量拖延谈判进程。袁世凯在日方提出"二十一条"之后不久，任命陆征祥为外交总长。袁世凯之所以更换外交总长出于两种考虑：一是新官上任交接程序会耗去很多时间；二是袁世凯知道陆征祥虽然外交资历丰富，但不懂日语，谈判需要翻译，进而可以拖延时间。

谈判从 1916 年 2 月 2 日开始，经过四十多次艰难谈判，到 4 月 26 日日本提出最后修正案才落下帷幕，共历时 84 天。曹汝霖在其回忆录中记述说："此次会议，我与陆子兴（陆征祥别号）总长，殚精竭力，谋定后动，总统又随时指示，余每晨入府报告，七时到府，总统已在公事厅等着同进早餐，报告昨日会议情形，讨论下次应付方针，有时议毕又入府请示。"

谈判曾一度出现僵局，深谙日本政情的曹汝霖发报给袁世凯进言，希望派民国政府日本顾问有贺长雄赴日斡旋，以便打开僵局。由此可以看出，这场谈判，袁世凯是幕后决策者，为其出谋策划者就是曹汝霖，这也是后来民众为何将矛头指向曹汝霖的缘由。

著名近代史学者蒋廷黻在谈到"二十一条"时说："关于二十一条的交涉，袁世凯、曹汝霖、陆宗舆诸人都是爱国者，并且在当时形势之下，他们的外交已做到尽头。"

后来，外交颜面丧尽的袁世凯决定将五月九日定为"国耻纪念日"，并写入教科书，以待后来者奋发图强。

这颗定时炸弹终于在四年后爆炸了。1919 年对曹汝霖来说时乖命蹇，正月的时候就露出征兆，有一天，他在赵堂子胡同发生车祸，送到附近的法国医院住了几天，脸上留下了伤痕。

1919 年 5 月 4 日，当天上午，大总统徐世昌设午宴，宴请章宗祥、钱能训、陆宗舆、曹汝霖等人。席间他们知道学生在外面游行。曹汝霖觉得回家应该没什么大事。游行队伍到曹汝霖住宅时，曹汝霖泰然自若，但学生们冲到院里后，曹汝霖终于沉不住气了，悄悄地跑到了厨房，装扮成一个厨师，溜出家门。学生们冲进客厅，误以为坐在沙发上的章宗祥就是曹汝霖，于是章宗祥遭到了学生的一顿痛打。在得知此曹汝霖非彼曹汝霖后，愤怒的学生一把火烧了曹宅，点火的学生叫梅思平。

倒霉的章宗祥想起了几年前与曹汝霖有关的一件往事。

　　赵家楼位于北京长安街东端之北，原为明代在位时间仅 6 年的明穆宗隆庆朝文渊阁大学士赵贞吉的宅邸，后来成为曹汝霖的宅第。此地因"五四运动"中的火烧赵家楼事件而闻名中外。

　　一次，曹汝霖到保定开庭，慕名而来的保定法政学堂的学生致使法院旁听席座无虚席，走廊都加满了椅子，庭审结束后，曹汝霖回到旅馆，发现旅馆张灯结彩，以为有人在操办婚事，当看到大幅"欢迎曹大律师"的招贴后，才知道这场面是冲着自己来的。

　　晚饭后，忽然来了二十多个农民，跪成一片要求见曹汝霖。原来，这些农民，因为田亩分界不清等纠纷，到当地法院起诉。法院判决后，农民们不服判决，但因正值农忙季节，无暇到高等法院上诉。

农忙结束，他们集体向高等法院上诉时，法院宣布：上诉期限已过，不得再上诉。农民们求诉无果，听说曹汝霖来保定的消息，让他们重新看到了希望，曹汝霖对他们很同情，但坦言相告，上诉期问题确实是有法可依，他也爱莫能助。

不久，曹汝霖向时任大理院院长的章宗祥建议：乡民不懂法律，应该想一变通办法，在法官宣读判词后，即高声向当事人说："你们如果不服，应在法定期内上诉，过了二十天期，即不能上诉。当事人如果当堂声明不服，亦可记录下来，算已上诉，再补递呈子。"

后来经过一番研究，大理院接受了律师曹汝霖的建议，按照曹汝霖的思路，民国大理院通令全国各级法院一律照办。民国之初，律师的积极建言，能够为司法部门所接受，固然与曹汝霖本人的社会地位和人脉资源有关，但显然表明当时的司法环境也是可圈可点的。

"五四运动"这场大火后，在国人的一片声讨中，北京政府被迫于6月10日下令罢免了曹汝霖、章宗祥、陆宗舆三人的职务。

1919 年冬，被罢官的曹汝霖在天津德国租界居住，从此不再过问政治。但曹汝霖那顶"卖国贼"的帽子难免树大招风。他的儿子在南开中学读书，没有一个同学愿意跟他同桌，下了课也没有一个人理他。

不知不觉到了 1937 年，卢沟桥事变爆发，蒋介石在庐山听说曹汝霖寓居上海，便令曾经留学日本、时任民国政府实业部部长的吴鼎昌致信邀请曹汝霖来庐山一见。

吴鼎昌的信按照蒋介石的意图写得极客气，并无一点强求之意。曹汝霖接信后，便与老友钱新之等人为伴，携夫人一起坐轮船赶往庐山。

曹汝霖到庐山后跟蒋介石握手寒暄，并未深聊。小住数日后，蒋介石约他在别室单独谈话。

蒋介石开门见山，问曹汝霖对中日战事有何高见。久离官场，不问政事的曹汝霖一反常态，侃侃而言：目前日本政局已受军人左右，和平解决之途无望，中国绝对不能和谈，只有抗战到底。

曹汝霖接着说，中日军力悬殊，独力支撑殊为不易。战事必会持久，外援必不可少。随着日本南侵，英美殖民利益受损，必会干涉，届时局势就会发生改变。这一番似曾相识的论持久战，不知是他受了蒋百里的影响，还是提前一年偷看了那个著名的《论持久战》的手稿。

整个谈话期间，蒋介石一直没有插话，只是偶尔点头，等到曹汝霖说完了，他才站起来连声说意见很好、很好。

后来，蒋介石在庐山会议中发表演讲："和平不到完全绝望时期，绝不放弃和平；牺牲未到最后关头，绝不轻言牺牲。"又说，"临到最后关头，便只有拼全民族的生命，以救国家生存。最后关头一到，我们只有牺牲到底、抗战到底。"（蒋介石：《庐山抗战声明》）我们现在由此很难断定，蒋介石对日整个战略思想是和曹汝霖不谋而合，还是确实受其影响。

并非造化弄人

在"五四运动"中，火烧赵家楼，冲在前面、放了第一把火的梅思平，从此声名鹊起，一度成为爱国青年的楷模。

梅思平大学毕业后到上海商务印书馆做了一名编辑，曾经主持出版了由蔡元培校对的大型现代丛书《万有文库》。不久后任中央大学、中央政治学校教授。

1932年"一·二八"抗战之后，周佛海在南京西流湾8号的自家花园洋房内，挖了一个大地下室。1937年卢沟桥事件后，顾祝同、朱绍良、梅思平、陶希圣、罗君强、胡适、陈布雷、陈立夫、张君劢等人，经常来此躲避空袭。同时讨论当前时局，整个地下室充斥着"中日战争战必大败"的悲观情绪。于是胡适为这里的这个非正式的组织起了个名字——"低调俱乐部"。

1938年，梅思平与高宗武潜入上海，与日本代表商讨汪精卫投敌叛国的具体事宜。同时与日方达成协议并签订了《日华协议记录》和《日华协议记录谅解事项》。

汪伪政府成立后，梅思平历任汪伪国民党中央执行委员会执行委员、常委、组织部长、汪伪政府工商部长、实业部长、粮食委员会委员长、内政部长、浙江省省长。

1939年12月15日，《浙瓯日报》于头版刊载梅爱文的署名文章《我不愿做汉奸的女儿，我要打倒我的爸爸》。文章写道："我的年纪虽小，对于在艰苦战斗中的祖国，我是怀着最热情的爱的。而对我那做了汉奸的父亲，我却怀下了切齿的仇恨。今天我要公开宣布同梅思平脱离父女的关系，我要公开宣布我父亲梅逆思平的汉奸罪状，我要打倒我的爸爸。"

这篇文章是梅思平在温州读书的 13 岁的女儿写的。接着连续 3 天，《浙瓯日报》刊出梅思平的继母梅王氏，率同他的两个异母妹妹鹤邻、鹤春与之脱离一切关系的《启事》，称其"附逆作贼，害国辱祖"。一张小小的地方报纸为此震动全国，各大报刊争相转载。

梅思平 1945 年抗战胜利后被捕，1946 年 9 月 14 日被枪决。

梅思平临刑前曾留有三封遗书，一封给蒋介石，一封给司法行政部谢冠生部长、洪谢雨次长，还有一封是写给子女的，希望子女"努力读书，忠贞报国"。

曹汝霖晚年在忆及"五四运动"时说："此事距今四十余年，回想起来，于己于人，亦有好处。虽然于不明不白之中，牺牲了我们三人，却唤起了多数人的爱国心，总算得到代价。"

抗战初期，日本特务机关长土肥原贤二邀请素有亲日派之称的曹汝霖出任华北伪政府主席，被曹汝霖一口回绝。

　　从赴日留学，主张向日本学习君主立宪制度，再到出任外交总长，参与对日"二十一条"谈判沦为"卖国贼"，甚至到抗日战争时期对日伪活动的抵制，曹汝霖的一生与日本这个一衣带水的邻国结下了数不尽的爱恨情愁。

后来，华北政务委员会委员长王克敏曾给他挂上"最高顾问"的虚衔，王揖唐出任伪华北政委会"委员长"时，又给曹汝霖挂了个"咨询委员"的空衔，但曹汝霖可谓尸位素餐，从未参与过任何汉奸卖国活动。后来的日军特务机关长喜多诚一对曹汝霖的不合作十分不满，曾指斥曹汝霖说："为什么我们'皇军'来了，你不出头帮忙，你究竟做什么打算？"曹汝霖说："晚节挽回前誉之失。"

　　为了挽回前誉之失，曹汝霖小隐于市。转入实业界，先后任交通银行总经理，中国通商银行总经理，天河煤矿公司总经理，中国实业银行总经理，井陉、正丰煤矿公司董事长。在经营银行的同时，积极做慈善事业。

　　每年冬天，曹家都会施舍 100 套棉衣给拉洋车的车夫。他让家里当差的抱几套棉衣出门，让车夫拉到僻静无人处，叫停车后，施舍给车夫一套棉衣，这个办法可以避免棉衣被人冒领，还可以尽量让车夫有尊严地接受曹家的馈赠。

　　20 世纪 20 年代，曹汝霖在阜成门内白塔寺沟沿建了一所医院，取名中央医院。中央医院属于慈善机构。穷人来看病，一概不收医疗费。曹汝霖一直担任中央医院的院长、名誉院长等职，医院所有经费都由他筹措，他任董事长的井陉正丰煤矿公司负责供给冬季用煤。曹汝霖在医院不拿一分薪水，唯一的报酬是，他来医院，医院负责给他的汽车灌满汽油。新中国成立后，中央医院由人民政府接管，更名为人民医院。

1945 年抗战胜利后，曹汝霖以"汉奸"罪名被国民政府逮捕，随后经甄别被释放。

1949 年上海解放前夕，曹汝霖前往台湾，后在日本生活。曹汝霖十几岁时，家人为他定了一门"娃娃亲"。21 岁时，他迎娶王梅龄进门。两人脾气不和，年少时经常争吵。戴着"卖国贼"这顶帽子的曹汝霖在家里面对原配也抬不起头。49 岁那年，曹汝霖又娶了一个叫郭静真的女子，此时出乎曹汝霖的预料，两房太太竟然能和睦相处。

曹汝霖和原配夫人王梅龄共有子女 6 人，与郭静真育有两女。对待子女教育方面，曹汝霖向来"不分男女，既愿出洋，无不允许"。其子女四人留学美国。1957 年，曹汝霖前往美国，1966 年 8 月 4 日在底特律病逝，终年 90 岁。

第二章 总长大律师
——章士钊

北洋时期，身为教育部总长的章士钊为何被鲁迅告上法庭？在"陈独秀案"和"周佛海案"中，身为辩护律师的章士钊又有着怎样截然不同且精彩绝伦的表现呢？

鲁迅的起诉书

1925 年 8 月 15 日，供职教育部佥事的鲁迅向北洋政府平政院递交了一份起诉书，状告他的顶头上司教育部总长章士钊。平政院受理此案后，章士钊即以教育部名义进行答辩，一时间鲁迅与章士钊的互辩你来我往。原告小科长，被告高居总长，这在当时就是一起夺人耳目的"民告官"诉讼案。

鲁迅向平政院交纳了 30 块钱的诉讼费用，当时有人问他："你请不请律师？"鲁迅说："这个事情我自己来。"

鲁迅虽然不是法律科班出身，但是出生于浙江绍兴师爷祖师地的他，天生就是刀笔吏，当然普通律师的一般诉讼状入不了他的法眼，同时鲁迅节俭成性，舍不得把自己辛辛苦苦挣得的钱递给那些胜算未卜的律师。那么他为什么肯出 30 大洋状告章士钊呢？

1925 年 8 月 4 日，刚刚再次出任北洋政府教育总长的章

北京女子师范学堂

士钊正要走进北京女子师范学堂，却看到校门贴着"教员不得出入"的一纸布告。这个令人有些匪夷所思的布告，源于一年前的一场风波。

北京女子师范大学首任校长毛邦伟是鲁迅在日本留学的旧友，1923 年，应毛邦伟之邀，鲁迅应聘做了女师大国文讲师。鲁迅的正式工作是教育部佥事。1924 年，杨荫榆出任女师大校长，她希望自己的学生一心只读圣贤书，反对学生涉足政治，与其说她是个校长倒不如说她是婆婆更合适。

1924 年秋天，素来严厉的杨荫榆勒令 3 个未能按时返校的学生退学，由此引发了女师大学生自治会的"驱杨运动"。鲁迅卷入这场风波的直接原因，是许广平亲自上门求救。他坚定地站在受处分学生一边，与杨荫榆和支持她的教育部进行对抗。

章士钊并未因为布告而止步，他查看了被砸碎的玻璃和校长办公室门上的封条，并现场询问了几个学生，然后不动声色地离开。回到教育部的章士钊，呈文给段祺瑞政府，要

杨荫榆，中国历史上第一位女性大学校长，同时也是杨绛先生的姑母。

求停办北京女子师范大学。4天后，教育部的一纸命令传到女师大。

1924 年，教育部任命杨荫榆出任女师大校长。杨荫榆是个理想主义者，穿梭于世俗政治与教育之间，很是笨拙。她的侄女，钱锺书的夫人杨绛女士说她多年在国外苦读，没看见国内的革命浪潮，不了解国内的形势，不清楚自己的处境。她像个婆婆似的强调学风，反对学生涉足政治。然而，那时的女生，比如后来做了鲁迅夫人的许广平，都不是一般二般的人物，思想活跃，信奉自由，热爱国家，关心世界，岂能如她之愿，一门心思只念书呢？

当年秋天，不识时务的杨荫榆勒令 3 个未能按时返校的学生退学，引发了女师大学生自治会的"驱杨运动"，要把她撵走。鲁迅等人也参与其中。担心局势失控的教育部一度表示可以考虑撤换杨荫榆。孰料，匆匆到任的教育总长章士钊看重杨荫榆，不肯撤换她。

但是在具体处理时，杨荫榆借机严厉处置了平时不听话的国文系 3 名学生，要求他们退学，而对于和自己关系好的学生却放过不问。这一显失公平的做法引起了学生和教职工的严重不满。

在愈演愈烈的驱杨学潮中，这纸命令无疑火上浇油，北京各校千余人整队到东四魏家胡同章士钊家抗议他压迫学生、压制学生爱国运动的行径，两百余名学生冲入章宅，与军警发生冲突，愤怒的学生将章宅捣毁。

章士钊以鲁迅身为教育部官员，竟然参与学生闹事，并出任学校维持会总务主任，支持学生对抗政府等为由，于1925年8月12日呈请段祺瑞政府免去鲁迅教育部佥事的职务。第二天段祺瑞收到章士钊呈送公函的当天，就下令照准了。

在教育部工作了14年的鲁迅没有想到自己忽然被免职了，于是气愤的他爽快地拿出30大洋状告章士钊和教育部。1925年8月31日，鲁迅在日记中这样写道：

晴。上午赴平政院纳诉讼费三十元，控章士钊。访季市不在。午后寄三弟信。下午季市来。

按照当时《文官惩戒条例》《文官保障法草案》等规定的相关条文，政府对鲁迅的免职，应该先交付"高等文官惩戒委员会"，经讨论同意后再施行惩戒。

其实，对于免职的程序，章士钊是一清二楚的，他在8

月 12 日的呈文中，专门写上了"并请补交高等文官惩戒委员会核议，以完法律手续"。

这个程序上的纰漏正是章士钊的软肋，鲁迅就此抓住机会，决定打蛇打七寸。

两天后，鲁迅亲自草拟起诉书，控告章士钊。8 月 22 日，鲁迅赴平政院投递诉讼状。9 月 12 日，平政院正式决定由该院第一庭审理此案。

章士钊不仅仅是教育总长也是司法总长，他本身精通法律。平政院把鲁迅的诉讼副本递交章士钊，章士钊巧妙地以《官吏服务令》进行答辩，有意回避《文官惩戒条例》和《文官保障法》。

10 月 13 日，平政院给鲁迅送来章士钊答辩副本，10 月 16 日，鲁迅进行了回辩。在案件审讯期间，鲁迅的同事兼好友许寿裳公开在《京报》上发表《反章士钊宣言》，声援鲁迅。

1925 年 10 月 30 日，鲁迅在《从胡须说以牙齿》中回顾了这桩让他无法释怀的行政官司：他说章士钊古文的答辩书，"很斤斤于'无故'之辩，其中有一段：'……又该伪校务维持会擅举该员为委员，该员又不声明否认，显系有意抗阻本部行政，既情理之所难容，亦法律之所不许。……不得已于八月十二日，呈请执政府将周树人免职，十三日由执政明令照准……'"

对于章士钊的这段答辩，鲁迅冷嘲热讽反驳：

查校务维持会公举树人为委员，系在八月十三日，而该总长呈请免职，据称在十二日。岂先预知将举树人为委员而先为免职之罪名耶？

即便精通法律的章士钊在辩书中已经提出了处罚条例，却仍不能够顺利驳倒鲁迅。无可奈何的章士钊，以教育部的名义，在答辩状中委婉地承认"补办"程序确实违法，但是他辩解道，当时女师大形势严峻，如果不果断处分鲁迅的话，只怕其他人会跟着起哄，学潮就更难平息了。

经过一番辩驳之后，1926 年 3 月 23 日，平政院以互辩书中的理由作出裁决书，判决章士钊呈请免职之处分违法，最终，撤销教育部对鲁迅的处分，鲁迅官复原职，心满意足地回去上班，随后章士钊辞去了教育总长的职务。数点着补发工资的鲁迅意犹未尽，一篇奇文横空出世。《论"费厄泼赖"应该缓行》，在文章里把章士钊称为"落水狗"，从此这个绰号不胫而走。

这一场同僚间下级告上级的"民告官"案件，以鲁迅完胜而告终。

"苏报案"主犯

章士钊，1881年3月20日出生于湖南长沙，家中水田每年可收稻谷两百余石。少年的章士钊似乎只有两条路可走，一、科场金榜题名，将来混个一官半职，二、如果屡试不第，就在乡里做个私塾教师。然而有一天，回家探亲的姐姐改变了他的命运。姐姐见章士钊身体羸弱，让章士钊走出湖南游历全国。1903年，在上海，章士钊结识了章太炎、张继、邹容，并与他们结为兄弟，章太炎为老大、章士钊为老二、张继为老三、邹容为老四。

1923年5月27日，《苏报》馆主人陈范聘请章士钊为主笔。陈范之所以聘请章士钊的原因在于：章士钊与他是湖南同乡；同时章士钊在文坛已小有名气；还有就是，陈范见章

《苏报》馆主人陈范　　《苏报》坚持的革命宣传以及震惊全国的"苏报案"，都极大地促进了民主革命的发展。

士钊仪表堂堂，有意将自己的女儿陈撷芬许配给他。

《苏报》原是上海滩一家普通小报，创刊于 1896 年，创刊人以其日本人妻子生驹悦的名义在日本驻沪总领事馆注册。

1898 年，《苏报》因亏损被陈范收购。陈范，湖南衡山人，曾任江西铅山知县，后离开官场下海经商。陈范接办《苏报》后，改革版面，鼓吹变法维新。

章士钊作为主笔，将《苏报》打造成第一家"排满"的报纸。上任伊始，他就以"第一排满，第二排康（康有为）"为宗旨，对《苏报》进行改良。1903 年 5 月，章士钊在《苏报》上大胆推荐两部鼓吹排满革命党的巨著，分别是邹容的《革命军》与章太炎的《驳康有为论革命书》，此举引起清政府的极端恐慌，清廷严命两江总督魏光焘亲自督查此案。

7月15日，在上海租界会审公廨，清廷以"大逆不道，煽惑乱党，谋位不轨"起诉《苏报》馆和章太炎、邹容。两江总督奉旨，准备将章、邹引渡到南京处理，同时，暗派便衣500余人，潜伏在会审公廨周围，企图劫持章、邹二人；就在章、邹二人生死攸关之际，发生了"沈荩案"，救了二人的性命。

反清义士沈荩在狱中被狱卒用绳子活活勒死，案件发生后，中外各报连篇累牍对此进行报道，在此风口浪尖，舆论强烈反对将章太炎、邹容引渡给清政府。迫于这种强大的舆论压力，租界当局最终拒绝了清政府的引渡要求。

纵观整个《苏报》案，摇旗呐喊的章士钊应该是主犯，可他在外界看来却像一个局外人，与本案似乎毫无干系，他之所以逍遥法外，得以逃脱，主要原因在于，章士钊在《苏报》上发表的文章用的全是化名，或者几乎不署名，而以"来稿"的名义发表，清廷压根不知道章士钊是何许人也。其次，查办《苏报》案的俞明震是章士钊在江南陆师学堂的恩师，俞明震曾有意让涉案人逃脱，自然不会深挖章士钊这样尚未被清廷发现的要犯。

但是，侥幸躲过此劫的章士钊却在第二年被捕入狱，吃了四十多天的牢饭。1904 年 11 月 19 日，因参与刺杀广西巡抚王之春，章士钊被巡捕房逮捕，后因证据不足被保释。

1907 年末，章士钊赴英，考入英国爱丁堡大学，学习法律。

1931 年章士钊重返上海，创办律师事务所，不久成为上海四大律师之一。

英国留学时的章士钊

两次不同寻常的义务辩护

"九一八"事变后，东三省相继沦陷，章士钊不得不辞去东北大学教职，前一年的春天，章士钊应张学良的邀请到沈阳东北大学担任文法学院教授。此时的章士钊因是段祺瑞执政府的旧部而被国民政府通缉，曾经做过段祺瑞执政府秘书长的他，也曾亲笔起草对国民党北方领导人的通缉令。经张学良的申请，后撤销了对章士钊的通缉。

离开官场走出大学后，章士钊决定自己做律师。"章士钊律师事务所"在上海开张，但挂牌之后，门庭冷落，业务比较萧条。不久，杜月笙聘他做法律顾问，每月佣金一千元。从此，他成了杜府的座上客，随后律师业务很快拓展起来，律师所鼎盛时，每月收入高达万元。因背靠杜月笙这棵大树，自然招来很多人的非议，对此，他曾自嘲"吃流氓饭"。

1933年，章士钊又和曾经的好友陈独秀站在了同一个法庭上。早在1926年"三一八惨案"发生后，气急之余的陈独秀给章士钊写了绝交信，断绝了两人20多年的友谊。

章、陈二人的友谊源于1903年共同创办《国民日日报》。《苏报》被封禁后，章士钊为了继续宣传革命与陈独秀创办了《国民日日报》，章士钊、陈独秀、张继任主编。

《国民日日报》风靡一时，被视为第二张《苏报》。又一次引起了清政府的极大恐惧。清政府虽然没有再要求租界封禁该报，但在发行渠道上处处设卡，后来，因经营不善，于当年12月1日停刊。

对这一时期的窘困岁月，章士钊后来曾经这样描述："吾两人（即章士钊、陈独秀）蛰居昌寿里之偏楼，对掌辞笔，足不出户，兴居无节，衣敝无以易，并亦无以瀚。一日晨起，吾见其黑色袍衣，白物星星，密不可计。骇然曰：'仲甫（陈独秀字仲甫）是为何耶？'独秀徐徐自视，平然答曰：'虱耳。'"可见其他们当时的生活是多么艰难。

1914年5月10日，章士钊在日本东京创办《甲寅》杂志，陈独秀首次署名"独秀"，在《甲寅》上发表《爱国心与自觉心》，就个人与国家的关系进行探讨。

此文一石惊起千层浪，在留日中国学生中引起轩然大波，陈独秀认为国人爱国自古容易走向两个极端，一是像屈原那样感情用事，国破自沉。另一个就是老子，骑牛而逝，两耳不闻天下事。并严辞抨击袁世凯统治的国家，称这样的中国不如无国家。

如此高谈阔论遭到中国留学生的口诛笔伐，只有一人理解陈独秀，这个人就是章士钊。

"五四运动"后，章士钊和陈独秀二人因政见不合，分道扬镳，从此再未谋面。

时隔十几年后，因为陈独秀的意外被捕，二人再度相见。

1932 年 10 月的一天，因发生口角而离家出走的潘兰珍偶然在大街上看到了《中央日报》上刊登着一张她熟悉的面孔。让她惊讶的是自己的丈夫上了报纸，而且这个与他朝夕相处了 3 年的男人竟然是国民党通缉的要犯陈独秀。

潘兰珍是上海英美烟草公司的女工，因与陈独秀同住一个里弄，相知相爱，后一起同居。因陈独秀用的是化名，所以她一开始就不知道陈独秀的轻重。

看到报纸上刊载着自己丈夫被捕的消息，潘兰珍惊恐万分，为了证实这一切，她从浦东立即赶回家，无奈已是满目狼藉，人去楼空。

上海市岳州路永兴里 11 号，已被开除出党的前共产党总书记陈独秀，就隐姓埋名居住在这里，这也是陈独秀被捕前的最后一个住所。

1932 年 10 月 15 日，独自一人在家中看报纸的陈独秀被捕，这是他一生中第 4 次被捕。陈独秀被捕的消息不仅使并不知道丈夫真实身份的潘兰珍惊愕无措，也同时传到了章士钊的耳朵里。

章士钊一得到消息，就积极准备为好友助一臂之力。这并不是章士钊对陈独秀第一次相助，早在 1919 年陈独秀在北京被捕时，时任南方军政府秘书长的章士钊便积极营救，并向时任北京政府代总理的龚心湛写信求情，称与陈独秀为"总角旧交"，为其"人品行谊"作保。

逮捕陈独秀之后，上海当局对如何处置的问题不敢自作主张，于是押解陈独秀到南京。陈独秀因有前三次被捕的经历，对被捕早已等闲视之，在火车上他竟然睡着了，鼾声如雷，泰然自若。

陈独秀在租界看守所见到了彭述之等几位被捕的党委，彭说："该如何是好呀？"陈独秀坦然回答："怕什么，我独秀已蹲了三次监狱。共产党人，命大！"

陈独秀的第4次被捕，再次成为爆炸性新闻。他第一次被捕时，全国一片抗议，呐喊的是营救。这次朝野上下要求当局宽大处理，刀下留人。《申报》刊出蔡元培、柳亚子、杨杏佛、林语堂、潘光旦、董仁坚、全增嘏、朱少屏合署的《快邮代电》声援陈独秀；老友傅斯年发表《陈独秀案》一文，说政府决无在今日"杀这个中国革命史上光焰万丈的大彗星之理"！蒋梦麟、刘复、周作人、陶履恭、钱玄同、沈兼士等12人致电张静江、陈果夫，请求二人为陈独秀说情；胡适、翁文灏、罗文干、柏烈武等更是为此事奔走斡旋。

蒋介石对陈独秀的这个案子，最关切的焦点是，前共产党总书记陈独秀和共产党现在究竟有没有关系。

蒋介石得知陈独秀押到了南京后，一夜未眠。他问国民军政部部长何应钦："如何处置此事？"何应钦答："半谈宣言半询问。"

10月25日，何应钦在军政部会客厅拿出国共第一次合作时签订的《两党领袖联合宣言》递给陈独秀。这份宣言，陈独秀是两党联合的发起者，最后签字的也是陈独秀。

何应钦拿着这份宣言希望与陈独秀再次合作，陈独秀把《宣言》掷到一边，怒吼道："当时不合作的是你们！"随后，何应钦带着蒋介石的问题询问："先生不要发火。不知你老兄与赣鄂等省的暴动有无关系？"陈独秀干脆地回答："毫无关系。"国民党当局研究陈独秀的"罪证"后，决定对陈独秀进行公开审判。

在陈独秀被看押期间，北大校长蒋梦麟、教育部次长段锡朋、铁道部长顾孟余，以及陈公博、徐恩曾等先后前来"探监"，希望他写悔过书以换取自由，无奈众人无功而返。

此时在上海滩的鲁迅曾这样评价过陈独秀："假如将韬略比作一间仓库罢，独秀先生的外面竖一面大旗，大书道：'内皆武器，来者小心'，但那门却开着的，里面几支枪，几把刀，一目了然，用不着提防。"

由于陈独秀的特殊地位，迫于舆论压力，国民党当局决定将陈独秀案交江苏高等法院，在江宁地方法院公开审判。在所有跃跃欲试的志愿律师中，陈独秀选择老友章士钊作为自己的辩护人。

作为旧时好友，章、陈二人之间的友情也并不是一帆风顺的。1921年，章士钊因从政失败，重回学术界，思想逐渐偏向保守。而陈独秀当时已经是中国共产党的领袖。他们的

江苏高等法院旧址

思想差异越来越大，终于分道扬镳。即便如此，章士钊仍然决定为陈独秀提供援助。

然而，这次的案件并不是一场单纯的民事案件。对此，章士钊的心里已经有所准备。当事人陈独秀更是明白自己的处境，尚不知道公审的陈独秀和一起被捕的彭述之这样谈起未来的命运。

他当时告诉彭述之这个事情有点麻烦了。彭述之问："为什么麻烦呢？"陈独秀告诉他这个案子到南京去了，彭述之依然不解，他说："到南京去了会有什么影响？"陈独秀解释："到南京是军事法庭，就不是民事法庭了。"彭述之听后非常沮丧，陈独秀又给他了一些安慰。

1932 年 10 月 26 日，陈独秀从南京被押解回江宁地方法院看守所，然而，国民党中央并没有急于审判陈独秀，在漫长的等待中，陈独秀倒是落得清闲，翻看《水浒》打发时间，在看守所里一住就是半年。

1933 年 4 月 14 日，在陈独秀被捕半年之后，国民党江苏高等法院在江宁地方法院刑二庭公开审理陈独秀等人"危害民国案"，上午 9 时 35 分，法庭内异常安静，人们屏住呼吸等待震惊民国的大案开庭审理。待朱隽检察官陈述完毕，法庭要求单独审讯陈独秀。起诉书列举的罪名为"以危害民国为目的，集会组织团体，并以文字为叛国宣传"。

1933 年 5 月 1 日出版的《国文周报》详细地记录了这一天的庭审情况。

宣告开庭十四日上午九时三十分审判长胡善偁，推事张秉懿、林哲民，检察官朱隽，书记官沈育仁等莅廷升座，同时被告辩护律师章士钊、吴之屏、彭望邺、将豪士、刘祖望无人亦入律师辩护席，时各界人士参加旁听者百余人，九时三十五分，书记官宣布开庭，即由法警提陈独秀、彭述之、濮一凡、王武、何阿芳、王兆群、王子平、郭竞豪（即彭道之）、梁有光、王鉴堂等十人，首由审判长逐一问询年龄、籍贯、住处、职业……

陈独秀供检察官宣告后，首传陈独秀审讯，彭述之等九人退至待审室。陈两鬓已斑，须长寸许，面色红润，已无病容，四周瞻顾，态度自若。审判长先问姓名、年岁、籍贯后，

（问）以前做何事？

（答）在教育界做事。

（问）在何处？

（答）在北京。

（问）在北京何校？

（答）在北京大学做教授。

（问）在民国几年？

（答）记不清，大约在民国五六年。

（问）当教授之前做何事？

（答）无何事，读书。

（问）做教授几年？

（答）大约三四年。

（问）退职后往何处？

（答）到上海。

（问）做何事？

（答）未做事，闲待着。

（问）在民国几年？

（答）在民国九年十年。

（问）在上海住几年？

（答）在上海住两年。

（问）以后往何处？

（答）到广东。

（问）何时到广东？

（答）大约在民国十年以后。

（问）在广东做何事？

（答）做教育厅长一年。

（问）做厅长后又往何处？

（答）回上海。

（问）在上海做何事？

（答）无事。

（问）民国几年回上海？

（答）民国十一二年。

（问）共产党活动，是否受莫斯科指挥？

（答）是。

（问）一九二七年清共后，住何处？

（答）迁住上海。

（问）现在何处？

（答）在武汉。

（问）当时共产党之活动，第三国际态度如何？是否满意？

（答）无所谓满意不满意。

（问）共产党书记是否即总秘书长？

（答）是。

（问）何时被开除？

（答）记不清，大约在民国十七十八年。

（问）为何被开除？

（答）因意见不同。

（问）被开除后做何事？

（答）未做事。

（问）共产党分几派？

（答）分托洛夫斯基与史他林（斯大林）两派。

（问）托洛夫斯基现在何处？

（答）现在情形不知。

（问）共产党内常委几人？

（答）五人，然五人中并无宋逢春，因宋于被捕是方出狱一周余，宋在狱中何能当选常委。又濮一凡为一三十余岁面黑之人，倾见者乃一漂亮小孩子。

（问）彭述之曾供濮一凡为常委？

（答）不对，濮非常委，恐因语言不同有舛误。这时章士钊起立称：检察官记录，并未见过，恐有错误，请发下一看。检察官答称：待将来整理后当宣读。

（问）对于红军主张如何？

（答）红军为特别组，要先组织苏维埃政府，照现在状况用不到红军。共产党理论，先要有农工为基础，待有政权，才需要有军队。

（问）在《火花》第一卷第十一期中有《如何救中国》一文，主张平民革命，建设苏维埃政府，是否为于彭述之合著之作品？

（答）记不清，意思是如此。

（问）又《告党内同志书》一文，内有当共产党欲行暴动，曾有信去指说现在尚未至革命高潮，国民政府尚不能崩溃，徒使党离开民众，应请改变政策等语。是否是你作的？

（答）是，有的。

（问）中国共产党反对派即托派最终目的如何？

（答）世界革命，在中国需要解放民众，提高劳动者生活，关于夺取政权，乃是当然的目的。

（问）《斧》在何处发行？

（答）在华北发行。

（问）书中有召集不具名会议，是何意思？

（答）国民党不召集时，由共产党召集，共产党不能召集时，即在国民党势力参加之。

（问）与皖湘闽赣等省共产党不能合作，是否因政策不同？

（答）是。

（问）党内教育界学生方面有人参与否？

（答）当然有，工人比较多，其余各界均有。

（问）是否常开会？

（答）不一定。

（问）几时生病的？

（答）去年八月间。

（问）未生病时开会是否常到？

（答）开常会常到。

（问）被捕十人中，有几人认得？

（答）以政治犯资格，不能详细报告，作政府侦探，只能将个人情形报告。

（问）何以要打倒国民政府？

（答）这是事实，不否认。至于理由，可以分三点，简单说明之：（一）现在国民党政府是刺刀政治，人民即无发言权，即党员恐亦无发言权，不合民主政治原则。（二）中国人已穷至极点，军阀官僚只集中金钱，存放于帝国主义银行，人民则困苦到无饭吃，此为高丽亡国时的现象。（三）全国人民主张抗日，政府则步步退让。十九路军在上海抵抗，政府不接济。至所谓长期抵抗，只是长期抵抗四个字，始终还是不抵抗。根据以上三点，人民既有反抗此违背民主主义与无民权实质政府之义务。时十一时三十五分，陈退。

审判长询问后第一次开审结束。第二次开审，地点仍在江宁地方法院刑庭，各界听众挤满旁听席。九时三十五分，审判长胡善俑，推事张秉慈、林哲民，检察官朱隽，书记官沈育仁等落座后，被告辩护律师章士钊、吴之屏、彭望邺、将豪士、刘祖望五人也相继到庭。

出庭提出公诉的是年轻的检察官叫朱隽。朱隽刚刚从中央大学的法律系毕业不久。突然有这么重要的一个人物的案子，他就特别的刻苦认真，废寝忘食。

检察官朱隽的工作进展极不顺利，越深入，越感棘手。因为在法律条文事实之间，他很难找到结合之处。他最后写成了这样一份起诉状：

陈独秀于1927年因工作不力，被共产党解除总书记职务，此时共产党内部分裂为两派；陈侧重于托洛茨基一派，与"干部派"意见不和，认为被告以"危害国民"为目的，集会组织团体，并以文字为叛国罪应负刑事责任。

朱隽在诉状里主要提出三个理由：第一，就是攻击国民党政府；第二，就是组织小团体；第三，就是文字叛国。

这时审判长宣称涉及本案的一部重要文件公安局尚未送

到，于是决定，18日上午继续开庭。由于诸位辩护律师共同要求延期两日，最后法庭决定20日上午10时继续审讯，当天下午一时退庭。

第三次开庭定于4月20日上午10时整，不到9点，来自天南海北的各界人士已排成长队，在等签发旁听证。

10时20分，检察官朱隽，在公诉中提出：被告陈独秀负有两个责任：一、组织左派反对派，他是主导，所以无论宣传命令，他都要负责，被告个人之言论著述，当然亦要负责。二、宣传部分，他们有一个系统，向一个目标进行，著作很多，被告当然亦要负责。综上所述被告犯有危害国家罪。

下午1时45分，审判长问陈独秀是否抗辩。陈独秀当庭表示坚决要抗辩。本次开庭法官任命了王子平等6人做庭审核对笔录。陈独秀抗辩如下：

> 检察官论告，谓我危害民国，因为我要推翻国民党和国民政府，但是我只承认反对国民党和国民政府，却不承认危害民国。因为政府并非国家，反对政府，并非危害国家。例如满清政府，曾自认朝廷即是国家，北洋政府亦自认代表国家，但是孙中山、黄兴等，曾推倒满清，推倒北洋政府，如

谓推倒政府，就是危害国家，那么国民党岂非已叛国两次。但是这句话谁都不能承认，因为满清政府和北洋政府，根本不能算是国家。因此在理论上，我们反对国民党，反对国民政府，并不能即认为危害国家。

最后陈独秀重申反对国民党的三个理由：一、人民不自由；二、贪官污吏横行；三、政府不能彻底抗日。

陈独秀滔滔不绝的抗辩后，他习惯性地四周瞻顾，看到辩护席上静静地坐着一个人，这个人就是义务为陈独秀辩护的大律师章士钊。陈独秀怎么也没有想到，两人一别多年，再次见面，竟然是在法庭上。

几分钟后，章士钊从辩护席站起，为陈独秀作长篇辩护。章士钊的辩护词洋洋万言，长达53分钟，辩护主张陈独秀无罪。核对笔录人员一字不差地记录了章士钊的辩护词：

本案当首严言论与行为之别。言论者何？近世文明国家，莫不争言论自由。而所谓自由，在都指公的方面而言。以云私也，甲之自由，当不以侵乙之自由为限，一涉毁谤，即负罪责。独至于公而不然，一党在朝执政，凡所设施，一

　　章士钊在为陈独秀的辩护中，逻辑严谨，环环相扣，逐字逐条地对
"叛国罪"和"危害民国罪"的指控进行拆解反驳，辩护词从言论自由到司
法独立，进而延伸到宪法保障下的政治活动，堪称精妙绝伦。

任天下公开评骘，而国会，而新闻纸，而集会，而著书，而私居聚议，无论批评之达于何变。只需动因为公，界域得以"政治"两字标之，俱享有充分发表之权。其在私法，个人所有，几同神圣，一有侵夺，典章随之。以言政权，适反乎是，甲党柄政，不得视所柄为私有，乙党倡言攻之，并有方法，取得国人共同信用，一转移间，政权即为己党所衣。"夺取政权"云云，"夺取"二字，丝毫不含法律意味。设有甲党首领以夺权之罪控乙，于理天下当无此类法院足辩斯狱。

法院之权，尽可推鞫违法之帝王，而独未由扶助怙势不让之政府者，凡政争之通义则然也。往昔囊游英伦，闻教于法家戴塞，彼谓国会改选，两党之多数互易，而在朝党不肯去位，而在野受殊无法律救济之途。诉之法官，法官必无法置对。而英伦自有宪政以来，在朝党从不以不肯去位闻者，全由名誉律为之纲维。故本斯而谈，政权转移之事，移之者绝不以为咎，被移者亦从不以为诟。我往彼来，行乎自然，斯均衡之朋谊，亦作宪之轨。

十八世纪后，欧美国家之逐步繁昌，胥受此义之赐，稍有通识，颇能言之。至若时在二十世纪，号称民国，人民反对政府，初不越言论范围，而法庭遽尔科刑论罪，同类无从援手，正士为之侧目。新国家之气象，黯淡如此，诚非律师之所忍形容。中国如历代暴主兴文字狱者无论也，欧洲在中古黑暗时期，士或议政，辄遭窜杀；惟英伦自大宪章确立后，"王之反对党"一名词，屹然为政治上之公开用语，人权得所保障，治道于焉大通。各国效法，纷立宪典，遂蔚成今日民权之盛备。倘适伦敦或之纽约，执途人而语之，反对政府应为罪否？将不以为病狂之语，必且谓为侮蔑之词。如本案检察官起诉书："一面对于国民党政府冷讥热骂，肆意攻击，综其要旨，则谓国民党政府威信堕地，不能领导群众"云云，曾成为紧急治罪之重要条款。此即仰中外人而互衡之，何度量之相越及公私之不明如是其甚耶！退一步言，如起诉书所称，信得罪矣。《危害民国紧急治罪法》共十一条，究视何条，足资比附耶！讥而言冷，骂而曰热，检察官究以何种标准，定其反对高下之度数耶？要之以言论反对，或攻击政府，无论何国，均不为罪。即其国应付紧急形势之特点法规，亦未见此项正条。本起诉书之论列，无中无西，无通无别，一切无据。此首需声明者一。

何谓行为？反对或攻击政府矣，进一步而推翻或颠覆之，斯曰行为。而行为者，有激随法暴之不同，因而法律上之盘意义各别。法者何？如合法之选举是。暴者何？如暴动成革命是。

凡所施于政府，效虽如一，而由前日推翻，由后则曰颠覆。所立之名，于法大不相同，何也？颠覆有罪，推翻势不能有罪。设有罪也，立宪国之政府将永无更迭之日，如之何其能之？查《刑法》第一百零三条内乱罪："意图以非法之方法颠及政府……"言外之意，凡以合法之方法，更易政府，即无触犯刑章之虞，殊不难因文以见又。起诉书罪陈独秀有云：推翻国民政府，由无产阶级专政。如问此之推翻所取为何道耶？上次庭讯，审判长询及国民会议事，陈独秀答云："共产党有权召集，则自行召集之，如由南京国民政府召集，共产党亦往参加。"由陈独秀之言，绝未自弃其党于普通政党，普通政党以何道取得政权，共产党亦遵行之。此观各国议会，无不有共产党之席次，共产党之下，选区争选票，一是与他党同。可见共产党所取政权之第一大道，仍不外法定之选民投票，即陈独秀之意亦然。

国民党政府虽以训政相标榜，而训政有期，与美国总统之任期相若。孙中山先生恒言，天下为公，唯德与能。无论党中何人，俱无国民党永久执掌政权之表示。公文书中，亦无此类规定。最近开放政权之声，尤嚣尘上，训政之期，无形缩短；每年一开之本党代表大会，今为还政于民之故，亦正议提前。在若此情形之下，有人谋代国民党而起，易用他种政体以行使准备交迁之政权，何得为罪？

审判长郑重问陈独秀云："共产党最终之目的是推翻国民党建设苏维埃否？"答云："当然，惟非最终目的耳。"夫"推翻"二字，虽于耳未顺，然若英伦法官问保守党员云："保守党之目的，是椎翻自由党建设巴尔温内阁否？"此除"当然"以外，当无异答。遽科为罪，宁非滑稽之尤？

或曰不然，陈独秀所云，乃暴动斗。比在供词中，侃侃言之，何止一次？故起诉书曾切曰："应由其领导农工及无产阶级等，以武装暴动，组织农工军，设立苏维埃政权。"争选无罪，暴动岂得无罪乎？曰：是立分别言之，陈独秀之暴动，谓与国民党打倒北洋军阀时所用之策略正同，核之恒人心理中之杀人放火，相去绝远。且亦只谓"应"如何而已，谓之曰应，是理想，不是事实。又属应为，其在将来，而不在今日甚明。《危害民国紧急治罪法》第二条，以"左列行为"为必要条件。左列行为者，指现在之事实。反之，同为暴动，而不过未来之理想者，其将不在本条论域之内、初不得课识之士而知之。独秀虽不否认暴动，而当度一再供称力量不足，并无何项暴动，江西一地之共产党，与彼等意见不一致，绝未参加，亦从未派人前往视察，至于正式红军，须在取得政权后，始行组织，此时尚谈不到。党中组织，完全独立，经费由党员节衣缩食充之，不受第三国际之一毫接济等情。是"暴动"云云，亦揣想将来必经之阶段而已，与目前之治安，了无连谊。所谓扰乱（《危害民国紧急治罪法》第一条）国宪如何，毫不生影响。所谓紊乱《刑法》第一百○三条内乱罪如何牵连误会，始得羼入紧急内乱之范围。律师不教，窃所未渝。

大法律之事，课现在不深将来。春秋诛心，有君亲无将之义，黍立暴虐，方腹诽必禁之余。此一为相祈经说，一为专制淫威，律以近世发现其实之《刑法》要旨，相去何万世。本庭遗像昭垂之孙中山先生，即倡言共产主义者也。特叮咛以示于众曰："我们所主张的共产，是共将来，不是共现在。"（民生主义第二讲）以故先生所持共产理论最近底而流弊毫无。如谓将来之举动，当受刑事制裁，则以共产嫌疑先陈独秀而应被处分之人，恐非法庭之力所能追溯。若州言可以放火，百姓不能点灯，绳之法律平等之谊，又焉可通？

综上所言，陈独秀之主暴动，即未越言论或理想一步，与《紧急治罪法》上之"行为"两宁、合义迥不相眸。是以行为论，独秀亦断无科罪理。此应声明者二、及次，起诉书所引罪名，一则曰叛国，再则曰危害民国。窃思国家作何解释，应为法院之所熟知。国家与主持国家之机关（即政府）或人物，既截然不同范畴，因而攻击机关或人物之言论，遽断为危及国家，于逻辑无取，即于法理不当。夫国者，民国也，主权在民，时曰国体，必也于民本大有抵触，如运动复辟之类，始子为叛，始得溢为危害。自若以下，不问对于政府及政府何人何党，有何抨击，举为政治经社中必出之途。临之以刑，惟内崇阴谋，外肆虐政，一大半开化之国为然，以云法制，断无此象。从独秀之所以开罪于政府者，非以其鼓吹共产主义乎？若而主义，由司立之眼光视之，非以其与三民主义不相容乎？（检察官以《紧急治罪法》第六条起诉）如实论之，尤谬不然。孙先生之讲民生主义也，升京明义之言曰："民生主义就是社会主义，又名共产主义，即是大同主义。"（第一讲首段）其解释同党之误会云："许多同志，因为反对共产党，便居然说共产主义与三民主义不同。"（第二讲）下又云："民生主义就是共产主义，就是社会主义，所以我们对于共产主义，不但不能说是和民生主义相冲突，并且是一个好朋友"。又云："国民党既是赞成三民主义，便不应该反对共产主义，因为三民主义中之民生主义之目的，就是会众人能够共产。"（同上）

综合前后所论、其说明民生过程共产相同及相质相别之处，何等明切。今孙先生之讲义，全国弦诵，奉为宝典，而陈独秀之杂志，此物此志，乃竟大干刑辟，身幽囹圄。天下不平之事。孰过于斯？

又起诉书指独秀打倒资本家，没收土地，分配。打倒资本家，没收土地，分配贫农，其言词悖谬，显欲破坏中国经济组织、政治组织，此即《中山丛书》求之，复如桴鼓之应，不差累黍。民生主义第一讲云："资本家和工人的利益，总是相冲突，不能调和，所以便起战争。最好是分配之社会化，消灭商人的垄断。"斯与起诉书中上述各语，论质论量，俱不知有何分殊。尤为彰明较著者，同盟会之四大政纲，第四即日平均地权，既曰平均，当日分配，后有分配，其先必有没收。没收者何？取之地主之谓。分配者何？给予贫农之谓。商人的垄断于焉消灭，劳工之冲突，于焉化除。中国传统至今之经济政治两种组织，如之何其不破坏乎？援陈证孙，本如一鼻孔出气，谓是言词悖谬。龙头大有其人。

尤有足资记注者，孙先生平均地权之策，至今迄未实行，其所以然，则曩述"共将来不共现在"一语，足为铁板注脚。惟其如是，故孙先生时时以"革命尚未成功"一语强聒于众。盖平均地权之业，须以革命之力成之，理势则然也。夫孙先生之革命，与陈独秀之暴动，一贯之论尔。孙先生之书，既为国人所诵习，既其革命方略，亦谆嘱同志努力为之。独陈独秀以含义悉同之"暴动"字样，求民生主义内之同一中坚政策实现。乍一启口，陷阱生焉，凡服膺中山主义之忠实信徒，其谓之何？且也，就陈独秀、彭述之连日口供观之，此二人者，并不得视为表里如一，首尾一贯之共产党，何以明其然也？

独秀不认危害民国，而认反对国民党政府。综其理由，约分三事：

一、刺刀政治。政府以强暴之力强抑天下人之口，使不得有所论列。微论非党人之无言论自由权也，即高级国民党员之无枪杆者，亦禁阻使不得声。

二、搜括手段。凡国民党之政策，悉以构成，苛捐杂税，横征无已，聚敛所得，悉数寄存外国银行，以便帝国主义者之操纵把持，侵压本邦，反之，商市萧条，农村破产，国民经济之如何衰败，举不值国民党政府之一顾。

三、抗日无诚意。当人民一致抗声浪最高之顷，政府竟听孤军转战，不予接济，民既剥夺殆尽，民族主义且无以自恃；甚至民间宣言攘外，驳骚有得罪政府之势。彭述之所供略同。此之论调，盖已离却共产党本位，与一般讯切时政之声口，仿佛一气。如西南五省，如冯玉祥先生，与共产党风马牛不相及者，近时箴规政府之文电，遍载于南北新闻纸类，亦殊去上陈三事不远。假令吾国国体未改，帝制依然，以此置于汉人论时事疏，或宋人上皇帝书中，匪惟责罚无闻，抑且优旨嘉奖，事例颇多，无可抵谰。至各国国会，即前席陈词；所为推排当局，惟一时舌锋是视者，其类此之论，尤难枚举。

独是中华，忝为民国，陈、彭言虽稍激，议实从同。以此列为罪状，写入爰书，其以示天下后世？明代于谦之狱，熊廷弼之狱，当时推问，并不限于中涓，狱成之日，何尝不以为罪人斯得，然朝局一变，是非大白，至今公论如何，宁待考知。以今例昔，事同一例。何况陈独秀之于国民党也，今虽仳离，始则合作。

审判长屡讯陈独秀曾否在国民党担任职务？独秀坚称无有。如实论之，却不尽然。所供民国十年在广东任教育厅长，是为孙大元帅在粤确定政权之始，且不具论。而十一年之赴莫斯科，为国民党容共政策所由发轫，同行者且为今日全国之最高军事长官，谈士类能言之。尤要者，十六年四月五日，独秀与今行政院长汪精卫先生发布《国共两党领袖宣言》，首称："中国共产党坚决承认中国国民党及国民党之三民主义在中国革命中毫无疑义的需要。"并云："只有不愿意中国革命向前进展的人，才想打倒国民党，才想打倒三民主义。中国共产党无论如何错误，也不至主张打倒我们的敌人（帝国主义与军阀）素所反对之三民主义的国民党。"由是推测，可见共产党中眼光错误，主张打倒国民党者，大有人在，而独秀苦口劝之，情见乎词，至哀告同志，使勿"为亲者所怨，仇者所快"。即此一点，殊足酿成共产党分裂之势而有余。

审判长又问独秀："究以何故成为苏俄干部派（即斯丹林派）之反对派？"独秀答云："以意见不同耳。"再问是何意见？即惨然不答，并求审判长勿复进叩党事，致陷彼于自作侦探之嫌。此其哀情苦志，实已洋溢言表。而独秀党籍之被开除，与联合汪精卫发表宣言一事之不见悦于莫斯科干部派人物，不无草蛇灰线，因果相寻之迹，明眼者不难一目得之。己虽不言，而要不失为法院应采之证。当是时也，容共为国民党公开政策，凡共产党同时为国民党，反之，凡国民党亦多同时为共产党。陈独秀适为大团结中之一人，其地位与当今国民党诸要人，雅无二致。清共而后，独秀虽无自更与国民党提携奋斗，而以己为干部派摈除之故，地位适与国民党最前线之敌人为敌，不期而化为缓冲之集团。即以共产党论，托洛斯基派多一人，即斯丹派少一人，斯丹林派少一人，即江西红军少一人，如斯辗转，相辅为用，谓托洛斯基派与国民党取掎角之势以清共也，要无不可。即此以论功罪，其谓托洛斯基派有功于国民党也，且不暇给，罪胡为乎来哉？此义独秀必不自承，而法院裁决是案，倘不注意及此，证据、方法既有所未备，裁判意旨复不得谓之公平。

要而言之，陈独秀之不能与国民党取同一之态度，势为之也；其忠于主义，仍继续研究共产学说者，理为之也。彼将实行计划，付之后来，与江西红军无关，与第三国际复无关，以托洛斯基自号厥派，实与生物学家之奉达尔文，心理学家之奉弗洛伊德无异，而亦中山之遗教如是。国民党人且当奉行唯谨，矧在他人，至其见到国民党之失政，引绳批判，有所抨击，此国民之义务如是，即不为共产党，亦得激于忠义而为之。

政府现时约束舆论，刻意从严，如陈独秀所陈三事，未便公开如量发布，则有政府所颁之《出版法》，当然与其他新闻杂志等一律取缔。必欲侦骑四出，如临大敌，一有索引，辄论大刑，国家立法之本旨，岂其如是？

基上论述，本案陈独秀、彭述之部分，检察官征引《危害民国紧急治罪法》第二条及第六条，所谓叛国、危害民国及宣传与三民主义不相同之主义，湛然无据，应请审判长依据法文，谕知无罪，以保全读书种子，尊重言论自由，恬守法条之精神，省释无辜之系累。实为公德两便，谨状。

这次令陈独秀意外的邂逅，将两个人的命运又一次捆绑在一起。辩护律师章士钊殚精竭虑地为陈独秀做无罪辩护，而被告陈独秀却将法庭当成了宣扬自己理想的平台。

章士钊在辩护的时候提出了两点理由，认为陈独秀并没有危害民国。在第一条理由讲出的时候，陈独秀心里暗自为好友有理有据的辩护叫好。然而章士钊接下来的这个理由，却让陈独秀产生了不满。章士钊认为陈独秀已经脱离了共产党，他是"托派"，是反共产党的。因此他主张陈独秀是"托派"，就等于少了一个共产党，这无形当中是帮了国民党，因此危害国家罪不成立。

这时候的庭审正在朝着有利于陈独秀的方向发展，章士钊的辩词已经讲得庭上一片喝彩，眼看就能为陈独秀脱罪了。就在此时，意外发生了。

章士钊辩护讲到这几句话："托洛斯基派多一人，即斯丹派少一人，斯丹林派少一人，即江西红军少一人，如斯辗转，相辅为用，谓托洛斯基派与国民党取掎角之势以清共也"，陈独秀一点儿都不领情，拍案而起，大声说道："章律师所云唯其本人观点而已。吾人之政治主张，以吾本人之辩护状为准。"

章士钊眼看着这场官司就快胜诉，但是没想到自己的当事人却和自己叫起了板，并当众拒绝了他的辩护。

1933年4月26日，江宁地方法院对陈独秀的案子做出了一审的宣判。判处陈独秀有期徒刑13年，剥夺公民政治权利15年。

陈独秀当庭表示不服判决，口头声明提出上诉，之后将自己的上诉状委托章士钊呈送国民党最高法院。

长达一年多的上诉审理之后，民国高等法院对此案进行了二审的判决，改判陈独秀有期徒刑 8 年。

陈独秀的自辩和章士钊的辩护词在天津《益世报》全文登载，其他报纸也纷纷报道，一时轰动全国。

法院判刑后，陈独秀被关押在江苏第一监狱，陈独秀服刑期间，蒋介石夫人宋美龄以及国民党的军政要员曾去狱中看望，但陈独秀仍然坚定自己的立场。

实际上陈独秀在狱中只待了 4 年 10 个月，在这 4 年 10 个月的时间里面，他完成了四部巨著：《实庵学说》《老子考略》《孔子与中国》《中国拼音文字初稿》。

1938 年 7 月 2 日，陈独秀携第四任妻子潘兰珍流落于重庆。后定居重庆江津县。期间，章士钊一直与他书信往来不断，向来拒绝他人资助的陈独秀，却心怀感激之情收下章士钊汇来的 300 元。1942 年 5 月 27 日，陈独秀病逝于江津，第二年 8 月章士钊路过江津写下《过江津怀独秀》一诗：

我与陈仲子，日期大义倡。

国民既风偃，字字挟严霜。

格式多创作，不愧新闻纲。

当年文字友，光气莽陆梁。

精彩绝伦的辩护书

1946 年 10 月 21 日 9 时，南京首都高等法院审判庭。被告席上站着中国"第三号大汉奸"周佛海。

周佛海出庭受审成为舆论瞩目的焦点。1946 年 1 月 3 日，上海《文汇报》刊登了一封《周佛海怎么样了，我要为沦陷区同胞大哭》的读者来信，信中质疑："像他（周佛海）那样的人，难道还要调查加罪证据？"并疾呼"如果周佛海不立即明正典刑，那么中国根本无汉奸，中国根本无叛逆"。民间弥漫的极端公众情绪是要将周佛海就地枪决。

这桩不同寻常的汉奸案，汇聚了多名民国法政精英。主审法官是时任立法委员的知名法学家、首都高等法院院长赵琛，推事是葛之覃、金世鼎，主诉检察官为陈绳祖，辩护律师是章士钊、王善祥和杨喜麟。

周佛海被捕后，他的夫人杨淑慧四处奔走，上门向章士钊求救，杨淑慧的父亲杨卓茂和章士钊有总角之谊，于是章士钊答应做义务辩护。

起诉书指控：周佛海"参与组织伪国民政府、滥发伪币资敌、签订卖国的中日基本条约、以汪伪特使身份出访满洲国，以及招募伪军、公卖鸦片、搜刮物资、奴化青年"等罪行，应当依据《惩治汉奸条例》予以严惩。

上午10时，庭审正式开始，审判长赵琛直接切入正题："国民政府曾公布惩治汉奸条例，你为何要参加伪组织？"

周佛海争辩："依当时国际形势，我认为抗战不能得到胜利，我对抗战失去信心，宁愿牺牲自己，去参加和平运动。觉得有搞和平运动的必要，但在现今看来已是错的。"

周佛海还称，他在伪政府担任许多伪职，但却是"空名"，"都没有权责，既不能做恶，也不能做善。"且自己已于1942年向军统局自首，有戴笠的信件可以作证。

章士钊当时并未发觉这场貌似维护司法独立、体现合法程序的审判，实际上是早已写好剧本的政治闹剧。这场审判在一年后，由政府特赦而改判无期徒刑收场。

唯一留下的是章士钊这篇堪称精品的辩护书。原文如下：

为提出辩护意旨事。窃本案在汉奸档册中为独殊异，盖他案止于论罪，而本案功罪相掩，惟二者之轻重大小，掩迹何似，至烦司谳明察尔。查归家立命之源不外二事：一曰赏，一曰罚。赏者，赏功；罚者，罚罪。故信赏必罚四字非惟法家命理，如是而亦建国不易之常经。若曰罪不可不核，而赏不必问，或一事功罪杂糅，只论罪而不论功，是如车摧其一轮，如鸟折其一翼，所关事件之是非曲直且不辨，将如国家之威信何哉？

　　以本案言，被告历任显要伪职，触犯汉奸条例，此乃不争之事迹，无可为讳。然有附带一义不可不明白声叙者：则惟其任职显要，协助抗战工作始可有所表著是也。为问敌势张时，地下工作人员陆续被捕，所设电台次第毁尽，而能遮护军统要员八九人，一次保出，随即分派该员等数十人于各伪部、会，错综参伍，分途赴工，并将仅存电台移至寓庐及妻弟杨惺华家中，以践履不绝如线之谍报任务，非被告之地位重要，何能臻此？且被告如此行动非得莫之为而为，莫之至而至也。昔郦食其游说齐王，下齐七十余城，正置酒高会间，而韩信兵到历下，齐王疑其卖己，烹食其而复败走，被告之与中央通，其危疑震撼故无时不可为郦生之续，自白书中已历历陈之。是被告倾向中央，同时即具有为国牺牲之决心，不难由事例推之。乃起诉书比以投机取巧、为文周内，既嫌时日错近（被告经始与中央通在三十一年），亦非廷平宽恕之道，复次军统之侦查意见，三十二年一月八日，经戴故局长奉准策动云云，是被告之当机奋发，实缘最高领袖之昭示而来，被告曾供，有绝要函件由陈克祥、彭寿字渝赍至，图避敌伪耳目，立即撕毁者，殆即右述戴故局长奉准之亲笔密札甚明。据被告言，此一密札明载领袖绪其自首，戴罪图功。试思一国元首言如纶帛，何等矜重！古称天子无戏言，政理通于民主，是无论显密纤径，领袖何能贸然下令未输诚之叛徒？由此言之，被告依法自首一节，全包孕于"奉准"两字之中，义例相涵，毫无疑义。何况被告自首起意在二十九年，早成公然秘密，陪都士夫靡不知也。何总长应钦受降旋都，即以明告记者，并不讳饰乎。又，被告频年受事军统，迭予化名，其最后者曰"蒋信"，此之意估一望便知，与汉之刘它，唐之李𪟝就所信爱赐名易姓者相同。是被告之战时效力中央，受命之有自由也，如此任务之重重险巇难成而卒成也。如彼侪于斯执与通常汉奸等量齐观，一例处断，窃为国家用人寒心。当是急时，政府汲汲于伪员中打通线路，实施反间，兼取情报，而因有戴故局长之策动运用，依军统言，是明明政府有求于被告也。被告之身份纵卑卑不足道，而国家量才考绩岂无轨物典则？而遽与摸金掘墓、使贪使诈之策略同符。观夫被告与戴故局长往来电札，其感情值融洽，计划之周匝无不跃跃纸上。如斯痛痒相关者四五年，岂不知被告所谓反抗本国之假面具早已抛掷涸青，转与吾徒沆瀣一气？质而言之，于时敌人诚笨伯耳，倘或承间抵隙，归狱被告，谓具通谋本国、图谋反抗敌国，可云情真罪当，无从置辩。乃军统意思反谓被告有功，仍无解于犯罪成立，出尔反尔，索解殊难。且令《处理汉奸条例》第三条减免刑责之规定，形同赘设，何足以昭大信于天下？昔耿育为陈汤讼冤，谓援人之功以济变，毁人之身以取快，天下莫不痛之！辩护人至于本案不期而有同感。夫寻常仕女婚媾始乱终弃，已不为清议所许，何况有国信，安得驰纵？谓身在曹营心在汉室，未必今有其人？但由汉室而窥曹营者，曾与其人密相应于前，岂得反颜毁弃于后？凡此就和平以前言也。至战事末期，盟军策划登陆，被告所尸职责尤为重大。夫原子弹之骤投，敌军一旦全部解甲，宏识奇士亦难前知。被告之参与反攻，非先有马革裹尸之决心，岂得空言肆应？是被告求死而不获死，局势适使之然。被告初无所容心，况其时奸匪环侍，治安堪虞，人心浮动，岌岌可危，即如军统局移文语句，"环境异常险恶"以堪认定。被告上海行动总队总指挥名义，适于此项依前奉准责授。以效果言，"恪遵中央意旨，负责维持治安，防止奸伪，稳定金融"等等，军统之所谓微劳也者，已求仁得仁，彰明较著若是。是时中央军队远在千里之外，青黄不接时期延扩至四十余日之多，南京对岸之浦口，上海市中心之闸北皆有乱军日夜窥伺，一触辄发。倘被告之行动总队稍不致力，或至而力不及，大势将恶化至何程度，岂难想象得之？被告摇足，别有异图，更无论焉。由是耳时京沪不丧乱于敌军之手，静待国家来临，被告从容迭代，期间相去不能以寸。平心而论，此种无形之保全，殆贤于喋血万里，勒铭域外，东南一万万以上之生命、财产实于斯焉系之。夫曲突徙薪无恩泽，从古豪杰之士所太息。军统局遽轻轻以微劳抹煞之，君子亦何忍更闻鼓鼙之声哉！尤可怪者，被告所辖之进入前后一耳，政策不外以伪中储券取消敌军票及核算敌借款、索还黄金耳。自夫交卸之日，该伪行所存金条积重至六吨余，其他白银与外币等称是，核其总积足以抵偿伪币发行金额而恢恢有余，若而明效大验，彰彰在人耳目，乃军统忽焉目为扰乱，应照条例第二条第十款治罪，忽焉奖为安定，量虽曰微而终薪有劳，何去何从，想大院亦难捉掫。曩引陈汤故事而谷永又有一疏可念，盖汤当日由矫诏之罪，同时有斩郅至之功，匡衡、石显扼之，几以他事骤至大辟，永于是讼之。周书曰："记人之功，忘人之过，宜为君者也。"犬马有劳与人，尚加帷盖之报，况立功于国如汤云云。今惟问保卫东南可算得功否？设昔人至之，如庚子刘坤一、张之洞之所为，尚论者将何说？设今之方叔、召虎如某坐镇此方而收阙效，册勋者将何云？又设别由陈胜吴广揭竿而起，东南大乱，首都垂得而复失，政府将谁责？又设不用命者即属被告，甚至于乱同事，割据方隅，政府损兵折矢，如得捕而治之，其刑将何加？此纵而古今，横而彼此，悉心比勘，方德其平。若夫其人之忠诈，才能之大小，大局之缓急、厉害，不为综析名实，仔细明白，而遽以逆亿之智，无端崖之词，关人之口而夺之气，辄曰汉奸、汉奸、某条、某款，爰书纵立，能服人心者几何？闻之功罪相准，其例始于春秋。盖齐桓公有尊周之功，而复有灭项之罪，孔子以功覆过，为之曲讳。两汉以来，人臣因有功可称而豁免罪戾者不可胜数，如唐之萧华以安庆绪之乱，迫署伪魏州刺史，王师到后即令华暂安魏州，与被告之充行动指挥略同，而华不过用蜡丸潜通表疏，仅足抵被告供给情报之一部分，而论罪至于降官，卒为有唐一代名臣。又裴谞以史思明之变，伪署中丞，全活宗室甚众，且疏敌长短以闻，事平之后改授太子中允。被告纵无敢望二子，而谓读史者致恨于华、谞，意在玉石同焚，兰艾并剪，执与庆绪、思明骈首就戮，岂为笃论？夫安不忘危，治弊虑乱，圣君贤相乃至法家，拂士举同此心也。今国家苟得救平，隐忧甚大，走胡走越，人各有心，正义虽不可不持，局量实不可不大。若于此低昂过甚，情法未谐，阻人自新之路，寒人向善之胆，在天下纷纷之今日，利害得失实难测知。辩护人期期不敢苟同军统及检察处之所见以此。惟大院平反而谳定之，国家之幸！谨状。

1949 年 2 月，章士钊作为国民党和谈代表北上，和谈失败后，章士钊留在了北平。中华人民共和国成立后，先后任全国人大常委会委员、全国政协常委、中央文史研究馆馆长。1973 年 7 月 1 日，章士钊病逝于香港，享年 92 岁。

第三章　"民国私奔案"辩护律师
——宋铭勋

1928 年 12 月，在一个月之内，上海滩发生了两件轰动全国的事。第一件是蒋介石和宋美龄成婚，第二件是一桩私奔案，这究竟是一起怎样的离奇私奔案？竟然可以和政要的风光争辉，并引发了一场旷日持久的热议。

黄慧如其人

1929 年的某一天，在上海外滩，律师宋铭勋正前往律师事务所上班，路上无意中在烟摊发现了一盒名为"黄慧如"牌的香烟，这让宋铭勋十分惊讶。

大约在半年前，律师宋铭勋在自己的律师事务所接待了一位女子，这位女子正是后来上海滩轰动一时的私奔案女主角黄慧如。

1928 年 12 月 1 日，蒋介石和宋美龄的婚事轰动上海，成为中外观瞻的焦点，而以黄慧如为原型的电影《血泪黄花》在当年的轰动甚至盖过了蒋、宋婚姻的风头。1928 年 12 月 17 日，明星电影公司推出影片，首映当天就万人空巷，领衔主演是影后胡蝶，而剧情则源于震惊上海滩的"黄慧如与陆根荣"主仆情奔案。

上海、武汉、南京的戏院在《血泪黄花》上映期间别出心裁，随戏票赠送黄慧如照片一张，以满足市民的好奇心理。

黄慧如与陆根荣的"主仆情奔案"。经新闻媒体"炒作"，已掀起轩然大波，中商烟公司也抓住有利契机，不失时机地推出了"黄慧如"牌香烟。此品牌一面世，便成为上海滩小市民的抢手货。一夜之间，一个名不见经传的女子成了商家的摇钱树。

　　黄慧如，肄业于上海启明女子中学，原籍浙江湖州。父亲黄静之，曾任北京电话局局长，收入颇丰，黄静之病故后，黄家举家南迁，居住在上海赫德路（今常德路）春平坊。

名噪一时的"黄慧如"牌香烟

1928 年的一天早上，黄家像往常一样，正准备吃早饭，可是久久不见女儿黄慧如下楼。当家丁把门砸开后，发现屋里杳无人影。闺房被翻得乱七八糟，金银首饰也不翼而飞。一时黄府上下都以为大小姐被绑架了……

黄母报案后，警察经过初步勘查，认定这是一起盗窃绑架案。黄家于是筹好赎金，等绑匪消息。可是焦急地等待了几天后，却杳无音信。

在查案过程中，警员了解到：大小姐最近确实很反常，经常发脾气，之前还有过一次轻生，这一说法引起警察的警惕，养尊处优的大小姐为什么会自杀呢？

第二次搜查中，警员在黄慧如的房间里，竟发现了一盒打胎药，一个待字闺中的大小姐怎么会有打胎药呢？由此，警察断定，这不是一起普通的盗窃案。

在调查中，警察得知大约在半年前，有人上门给黄慧如提亲，男方是上海颜料巨商贝润生的堂弟贝露生家的公子。不料，就在定亲日的前一天，贝家突然来人要求把聘礼退回。为此，黄慧如遭受了很大的打击。

为何定好的婚事却遭男方反悔，母亲黄朱氏也不知道究竟发生了什么事，经过她的再三盘问，才知道有人从中作梗。捣鬼的人竟是黄慧如的祖母和他的大哥黄澄沧。可亲祖母和亲哥哥为何与自己的亲人过不去呢？

原来黄慧如的祖母和他哥哥黄澄沧编造了黄慧如不能生育的谣言传到贝家，贝家信以为真，于是解除婚约。一个待出闺门的女子无缘无故被解除婚约，自然会受到打击。

黄慧如的祖母之所以编造这样的谣言是因为，贝家是上海滩巨富，通婚以后，礼尚往来，黄家可能会吃不消。而黄慧如的大哥则认为，黄慧如比贝家公子长三岁，过门后免不了受公婆奚落，担上家庭重担。也不同意这门婚事。

警察根据这一新的线索，将贝露生的儿子定为第一嫌疑人。

第二日一大早，警察传唤贝露生的儿子来录口供，还未等儿子开口，商人贝露生就来了，在警察局，贝露生把警察一顿臭骂，声称以贝家的身份，根本就用不着偷窃那点金银首饰，明媒正娶的贝家解除婚约了，有必要再藏匿黄慧如吗？

正在警察一筹莫展的时候，黄府的管家又给警察提供了一条线索。

管家说，我们府上一年前，雇了苏州的小伙名叫陆根荣。人很勤快，模样也不错。黄家上下都很信任他。可就在几个月前，人却变得失魂落魄，干活常出错。大少爷就把他解雇了。

黄慧如自从贝家退亲以后，整日精神恍惚，她一连三日，不肯吃饭。黄家人对黄慧如的绝食束手无策，无奈之下，她的哥哥黄澄沧想出了一个主意，让陆根荣来劝妹妹。并承诺日后可以将妹妹许配给他。

21岁的陆根荣，是吴县吴塔人，1926年8月来到上海，经人介绍到黄府做茶房，做事很勤快，虽然来自农村，但人长得很清秀，且能说会道，黄家上下都很信任他。

带着使命满心欢喜的陆根荣，就这样进了二楼小姐的闺房，看到屋里的黄慧如还在哭哭啼啼，陆根荣就开始劝说黄慧如："小姐，你花容月貌，正值妙龄。家里还有钱，贝家的亲事黄了，一家姑娘百家求，你不愁嫁个好人家，别哭坏了你尊贵的身子，你看我一个乡下人，一月只赚几块钱，还要养活一家人，就我这样都舍不得去寻短见，小姐，千万不能一时糊涂啊，你这样做会被人笑话的。"

黄慧如听罢这些话擦擦眼泪，止住哭泣，问："阿根，是谁叫你来劝我的？"

陆根荣说："是大少爷。"

"阿根呀，你不知道，好事不出门，坏事传千里。我的名声被我哥已经糟蹋完了，贝家不要，别家也不会要的。既然你来劝我，我看你挺有良心的，你要我吧。我不管尊卑贫富，只要你能真心对我，我就情愿做你的女人。如果你都不肯要我，我就去死。你怎么劝我都没用。"

不知陆根荣是悲天悯人还是被小姐这番话打动。从这天起，黄慧如与陆根荣经常在院中的亭子中间幽会。1928年农历春节期间，黄家其他人都去外地到亲戚家拜年，家中只有黄慧如和陆根荣。于是见此良机，不经人事的黄慧如便告别了少女时代，一夜风流后，第二年三月，黄慧如便有了身孕。

黄慧如和陆根荣的暧昧关系，难免有风言风语，于是其兄黄澄沧便调陆根荣到他的交易所工作。一天，黄澄沧故意刁难他让他写英文号码，陆根荣说："我只会写中文，不会写英文。"正巧，陆根荣此前听错过一个电话，于是黄澄沧借题发挥大发雷霆，大骂陆根荣："交易所听错一个电话，要带来多大损失，你就是个饭桶，给我马上滚蛋！"

看到陆根荣来黄家取东西要走时，黄慧如质问他："为何要离开我家？"

陆根荣沮丧地回答："少爷已经炒了我的鱿鱼，我不走怎么办？"

黄慧如于是大哭起来，拉住陆根荣的衣袖："你走了，我肚子里的孩子怎么办？我怎么办？要走我们一起走，你走了，我不能一个人留在家里。"

陆根荣顿时急了："我乡下是有老婆的，你去了算什么？再说我哪有钱养活你这位阔小姐啊！"

黄慧如说："现在顾不上那么多了，你明早叫一辆黄包车在路口等我，其他的事你别管了。"

送走陆根荣，黄慧如将家中的一些金银首饰放进一只皮箱里，然后藏到楼下柴房的杂物堆里。第二天一早，黄慧如提着箱子，偷偷地出门上了车，然后二人直奔南京路。黄慧如在汇文银楼典当了一部分首饰，手里拿着兑换的 420 块银元，两人商议后去了苏州，在朋友的帮忙下，在苏州阊门外朱家庄毛家弄 22 号两人租下一间房子，置办了几件家具，准备有模有样地开始新生活。

　　警察根据这一重要线索，立即把陆根荣定为重要嫌疑人，黄家也在《新闻报》上刊登了寻人启事。

　　陆根荣与黄慧如在苏州生活没过多久，不巧遇到一个做木工的人拿着一张《新闻报》前来敲诈勒索。陆、黄二人不给，这个木匠就跑到警察局报案，说在一个杂货店的二楼住着形迹可疑的一男一女，男的外形和陆根荣很相似。警察根据这一线索，迅速将黄慧如和陆根荣抓捕。

当时的报纸上刊登的黄慧如与陆根荣的合影

离奇私奔案的法庭博弈

1928 年 8 月 25 日，苏州吴县地方法院正式开庭审理黄慧如与陆根荣私奔案，原告是黄慧如的母亲黄朱氏。这一消息，马上传遍各地。离奇的情奔案受到了人们的广泛关注，案件虽然在小小的吴县受理，然而影响却波及各地。

黄朱氏一纸诉状起诉了陆根荣，说他引诱女儿黄慧如私奔，但黄慧如却请来了宋铭勋为陆根荣做辩护律师与其母对簿公堂。在法庭上，黄慧如将一切责任都揽在自己身上，向法官申诉自己的所作所为与陆根荣无关。

法官问，"你为什么要跟茶房陆根荣逃走？"

黄答："因为我爱他。"

法官又问："你们是从什么时候开始姘居？"

答："今年正月。"

法官接着讯问："是你自愿，还是他要挟你？"

答："是我自愿。"

当法官问到那只箱子是不是陆根荣帮黄慧如拿出来时，黄慧如回答："不是，是我自己拿出来的。"

法官最后问："为什么你要同他一起离家出走？"

黄慧如的回答是："因为我有喜了，不能再待在家里。"

法官审理后宣布退庭，定于三天之后宣判。黄、陆情奔案见诸报纸之后，人们对此褒贬不一。

当时黄、陆情奔案的判决，关键在于两个方面。第一，黄母认定陆根荣拐骗自己女儿，而私奔出逃的黄慧如则表示一切都是自愿行为，并和陆根荣两人都系自由恋爱，并没有受他欺骗。辩护律师宋铭勋说据男女两人的供词而论，他们发生恋爱都是出于双方自愿，绝无欺骗行为，并且黄慧如早已成年，按照刑律不为罪。第二，在于对陆根荣偷盗行为的认定，对此黄慧如声称是她自己携带家中财物出逃，陆根荣并不知情。双方说法不一的情况下法官会倾向哪一边呢？

受新文化运动的影响，宋铭勋办案主张一律平等，无论阶级贫富，无所谓大逆不道。同时他对法条很熟，所以，法官包括公诉人询问他的问题，他都能够一一找出他们的破绽。

三天后，法官最终还是以"和诱"和"盗窃"罪判处陆根荣有期徒刑两年。陆根荣当庭表示不服，辩护律师宋铭勋上诉至江苏高等法院。在江苏高等法院上，黄慧如为陆根荣请的律师宋铭勋为其辩护说：

"原判陆根荣拐诱与实施帮助盗窃两罪，都不能成立。据刑律，拐诱系指女子年龄未满20岁者，而黄慧如已经22岁，拐诱当然无法成立，实施帮助盗窃，必须被告方实施方可成立，黄慧如已明明供认是她自己拿出家中金珠首饰，并未假手他人，原告没有看见被告有帮助盗窃的行为，原判仅凭黄朱氏一面之词而下判断，理应撤销。因此，请法庭重新审校，撤销原判，宣告陆根荣无罪。"

宋铭勋根据《中华民国刑法》，认为就案件事实来看，陆根荣绝无丝毫限制黄慧如个人自由的行为。因而，对于陆根荣犯图奸略诱罪一说，不能成立。另一盗窃罪原告也没有充足的证据来支撑。

宋铭勋在当时是江苏省议会议员，在吴忠地区也算知名人士，但原告黄朱氏的律师潘承锷的公众影响力远比被告律师宋明勋大得多。

潘承锷是我国早期著名的法学家，清末曾担任苏州法政学堂教习，晚清时期，在修正法律馆里培养了一批法学人才，这些人有些是留洋回来的，成了民国时期法制建设包括司法建设的骨干……潘承锷在其中主张学习西方法律，北洋时期又作为江苏议员参加了第一届国会。

人们对他更多的了解，是因为他是苏州园林畅园的主人。

当时的法官，思维尚未跟上上海的变迁速度，认为此案有伤风化，所以江苏高等法院并未采纳被告方辩护律师的意见。当年10月，法院最终以陆根荣"意图奸淫而略诱"，处有期徒刑两年，褫夺公权三年；又以"帮助盗窃"罪，处有期徒刑刑年，执行有期徒刑四年，褫夺公权三年。陆根荣不服判决，上诉至最高法院。

可见，上诉律师与法院仲裁的矛盾主要集中在法律条文、证据、罪名推论等具体问题上，这一切都体现了在近代，中国向西方学习客观公正的法律过程中所带来法律观念上的冲突。

陆根荣因仍不服判决向最高法院做最后的上诉。至次年

　　畅园是苏州颇具代表性的小园之一，系清代道台王某所建，民国七年（1918 年）为律师潘承锷购得。图为畅园旧影。

三月，报纸登载了最高法院的更审决定，撤销原判决，发回江苏高等法院更为审判。最终，江苏高等法院仍以"帮助盗窃罪"判处陆根荣有期徒刑二年。

对于此次法院的判决结果，黄、陆两家均表不满。陆根荣委托宋铭勋再次向最高法院提起上诉，要求无罪释放，而黄母则请求法院以略诱罪论处。法院由此不得不面临一个问题，即在只有口供可以作为证据的情况下，究竟要采用哪一方的供词作为判决依据。为此，法院传唤陆根荣、黄慧如、黄母三人当庭对质来进行比对。

黄慧如作为案件的当事人，她的庭供和自身的证词足以开脱陆根荣的罪责，但是原告却提供了截然相反的证词。原告黄母在江苏高院第一次开审时供称，黄慧如在婚事不成后，"劝后亦即释怀"，并未寻死，并由此指责陆根荣与黄慧如提供的证词并不真实。

原告黄母的供词对于被告陆根荣和黄慧如来说，是有其威胁性的，不但使得被告和黄慧如的供词可信度大打折扣，同时还可以据此指控陆根荣有重大诱拐嫌疑和帮助盗窃行为。

这场私奔案所承载的含义已经远远超出了法律所追求的公平正义，律师宋铭勋能否证明陆根荣无罪？口供中，争论的焦点则放在陆根荣是否利用自己的小箱子来帮助窃盗。黄母仅仅只是利用自己的口供来进行辩论，缺乏相应的证据来佐证。

宋铭勋律师还从逻辑上批驳了黄母口供的真实性。在证据方面：黄母貌似利用了众多有利于自身的物证，如赃物存寄地、人证等，但是由于仅仅为一面之词，从而使得物证的说服力大打折扣。因此，后续主要围绕包括口供、赃物储藏地、人证、赃物等这些证据进行辩论。

此后不久，江苏高院再行审判。最后，江苏高等法院采纳了黄慧如的口供。

另外，最高法院还认为上诉人陆根荣在黄慧如窃盗行为完成以前已离开黄家，认为黄家所丢失之物件，并非陆根荣搬运而带出，对于"窃盗"之物不知情。

为了向民众展示透明公正的司法形象，从整个审判的过程来看，法院并不干预公众参与到这场案件中来，黄陆私奔案初审之时就受到市民大众的极大关注。在高等法院初审当天就有超过 200 人到场旁听。公众舆论所能产生的对审判的影响显然为原被告双方所注意，因此双方律师都力图去引导和调动公众情绪。

在庭审现场，法官及律师的声音已经通俗地传达到普通大众的中间，原告和被告双方律师都在法庭上展现出了非常熟练的表演技巧和专业知识。律师在案件过程中所起的重要作用，使更多人开始憧憬起这一职业来。

最后，江苏高院宣告陆根无罪释放，历时三年的"黄慧如陆根荣私奔案"最终结束。陆根荣也回到了他平静的生活中。

人生如戏

然而根据考证，当时陆根荣在苏州乡下是已经有妻子的，而当时法院和媒体却都没有注意到这一点，不然司法审理可能又会引向另一个方向。

除司法方面的技术因素外，社会舆论也对此案的司法审理过程增添了很大的压力，从很大程度上对最后的审判起到

以"黄慧如和陆根荣"案改编而成的出版作品

了重要的影响。当时报载，开庭时，戏剧家洪深专程去苏州法院旁听，邹韬奋主编的《生活周刊》也做过评述，对黄慧如的坚贞爱情表示了同情和钦佩。

当时，剧作家洪深与导演张石川二人去苏州监狱探望采访陆根荣，打算根据他们的采访拍摄一部电影。这一年的12月，上海大华影片公司老板顾无为携新婚之妻，电影明星林如心专程从上海来到吴县吴塔陆根荣家，拿出定金约黄慧如去上海拍电影，并介绍黄慧如去苏州志华医院待产，以保其母子平安。

没有了任何经济来源的黄慧如，与顾无为签订了拍片合同，并于当月住进了志华医院。

1929年2月4日，上海《申报》刊出上海大华影片公司和黄慧如二则启事。上海影戏公司启事：

"本公司兹与黄慧如女士订立常年合同，聘为基本演员，一俟春暖即从事摄制富有艺术之影片。特此登报公布之。"

黄慧如启事：

"慧如兹应上海大华影片公司之聘，从事电影工作，潜心艺术，贡献社会，不以个人经过藉作投机，恐各界不察，特此启事。"

黄慧如当演员拍电影的消息，引起黄家极大的不安，本来他们事先已在报上申明，黄慧如今后一切动向均与黄家无关。但现在看到黄慧如要加入演艺界，黄家担心有辱黄家名声，于是黄母出面，劝说黄慧如改变主意。并承诺只要黄慧如不拍电影，干什么都行。

1929 年 3 月 7 日，也就是在报纸刊出最高法院更审决定的同一天，黄慧如在苏州志华医院生下一个重九磅的男孩，取名黄永年。

黄慧如后来并没有做成演员，她产后不久突发高烧，死在了回家的路上。

就在黄慧如死讯见报当天，同一家报纸刊出了江苏最高法院接受陆根荣上诉，发还高等法院重审的决定全文。然而黄慧如却没有看到这一天。黄慧如之死，又给娱乐界、商家带来了意想不到的商机。苏剧《黄慧如与陆根荣》一票难求，剧作家们又创作了《慧如产后血崩》等戏。大街上"黄慧如"牌香烟更是烟民的首选。《黄慧如与陆根荣》剧场老板请来陆根荣做活广告。每天晚上戏谢幕时，扮演陆根荣的演员赵如泉便将陆根荣拉上台向观众答谢，在暴风雨般的掌声中，身着蹩脚西装的陆根荣便向观众深深做90 度鞠躬。在"黄慧如"香烟的袅袅烟雾之中，全场情绪达到高潮。

黄慧如死了，《血泪黄花》《黄慧如与陆根荣》的影剧和"黄慧如"牌的香烟还是延续了好多年。

《血泪黄花》中黄慧如的扮演者——胡蝶

这场熙熙攘攘的人生大戏终于落幕了，多少年之后，人们见到宋铭勋这个名字是在《上海文史资料存稿汇编》中，第十二册收录了他的一篇文章——《我为"陆根荣黄慧如案"做辩护律师的经过》。

第四章　诗人律师
——吴凯声

笼罩在白色恐怖之下的上海，到处充斥着抓捕共产党人的脚步与号令，但在此危难时刻，是谁挺身而出，守护人权和正义？又是谁虽身处乱世，却保存丹心，与世纪同行？

伸张正义的法律援助

1927 年 6 月的一天，律师吴凯声上海霞飞路家中来了一位不速之客，来人是吴凯声的茶友刘方岳，此次突然造访是刘方岳受人之托，请吴凯声出面帮忙营救共产党员陈延年。

1927 年 6 月，白色恐怖之后的上海租界内暗潮涌动，一天傍晚，一个不到三十岁女子来到刘方岳的家中，自称是陈延年的妻子，她告诉刘方岳，陈延年被捕了！请求刘方岳看在朋友的情分上，设法营救陈延年出狱。刘方岳听到这个消息后，心中一凛，却没有敢贸然答应陌生女子的要求。

不料，第二天一早刘方岳又收到了一封匿名信，要求他尽力搭救陈延年出狱，信无署名，但从匿名信的笔迹来看，刘方岳认出了这封信竟然是他的密友王若飞所写。原来当年刘方岳曾经和王若飞、周恩来、陈延年一起在法国勤工俭学，他和王若飞既是同学又是老乡，感情非常深厚。

陈延年，安徽安庆人，1919年赴法勤工俭学，1922年加入中国共产党，回国后任广东区委书记，参与组织了省港大罢工，被捕时任江苏省委书记。陈延年还有个非常特殊的身份，他是中国共产党创始人、中央局书记陈独秀的儿子。

　　虽然陈延年是陈独秀的儿子，但他却在党内坚持反对和抵制陈独秀右倾机会主义的错误主张，曾尖锐批评陈独秀不相信工农群众力量，在行动上始终不敢同国民党右派作斗争的态度会把革命断送。当时陈延年在党内是非常重要的领导

陈延年

人物，被捕牺牲将对党组织造成重大损失。

密友王若飞来信，让刘方岳务必想尽一切办法营救陈延年。而此时的刘方岳却只是上海德胜棉花店的一个经理，面对好友重托，他苦苦思索着自己认识的人里到底谁能帮这个忙。忽然间，他想到了一个人，那就是自己在茶馆结识的一位茶友——吴凯声。

上海四马路胡家宅巡捕房附近有家老茶馆叫松岚阁，因为距离德胜棉花店很近，刘方岳闲暇时经常去那里饮茶，吴凯声也是那里的常客，一来二去，俩人攀谈起来，以茶会友，竟然成了无话不谈的密友。

吴凯声是江苏宜兴人。1922 年毕业于上海仓圣明智大学，随后赴法留学，1924 年获里昂大学法学博士，1926 年归国后任北洋政府法律顾问、兼任上海法科大学教授，并在上海开办了自己的律师事务所，他是上海法租界及英租界会审公堂律师，是当时唯一可以用英语、法语进行辩护的中国律师。

作为犹太巨商哈同的法律顾问，吴凯声在哈同大厦的事务所聘请了十几位帮办律师和助理，成为当时上海最大的律师事务所。当年他与人谈话两个小时可得一根金条，办两件

法国里昂大学

小案可购一辆汽车。

吴凯声当时是很多银行、商会、洋行的法律顾问，同时也担任很多富商、名演员的私人法律顾问，但真正让吴凯声名声鹊起的却是一件看上去不可能打赢的涉外官司。

1926年8月4日，上海的一个小贩陈阿堂被发现死于停在浦东华栈码头的日本轮船"万里丸"号上。关于其身份及死亡原因，有两种解释：一是巡捕房包探孙阿桂的查询，称陈阿堂是一个小偷，当天行窃被发现后畏罪逃跑时"碰伤致死"；二是死者的妻子具状投诉，称陈阿堂是一商贩，事发当天到该轮售贩食物，被轮内日本水手"诬窃殴毙"。两种解释尖锐对立，很快引起了上海各团体的广泛关注。

当时上海民众对顾正红案及其"五卅运动"记忆犹新，陈案放大了民众对日本人的反感，在当时的上海引起了极大的民愤，民众纷纷要求惩凶、道歉、赔偿。然而，这类案件面临的难处也显而易见，一般情况下这类案件会被搁置、拖延或者草草了事。

虽说民情激昂，但对于一个死去的小商贩和日本轮船公司之间的官司，沪上的很多法律界人士都采取了观望和回避的态度。出人意料的是，当吴凯声获悉这一案件后，他决定为受害者家属义务提供法律援助。

吴凯声接手"陈阿堂案"后便开始细查深访、搜集证据，经过多方查证终于找到了一个非常关键的证人。颜字国，也是一名小贩，事发当时他与陈阿堂同在"万里丸"号上兜售食物，目睹了陈阿堂的死亡经过。找到证人后，善于用舆论造势的吴凯声为了强化证据，把颜字国的证言发表在了 8 月 25 日的《申报》上，证明日本水手打死了陈阿堂，并企图毁

　　会审公廨是上海历史上在特殊时期、特殊区域成立的特殊的司法机关，1868 年 4 月，由道台任命中方专职会审官，与外方陪审官会同审理租界内与华人有关的诉讼案件。这是外国人对中国在租界内的司法主权的侵害，民国十六年（1927 年）1 月 1 日废止。

尸灭迹。

经过吴凯声的据理力争，最终"陈阿堂案"以打人的日本水手被判处有期徒刑 3 年，死者家属得到 3000 元的抚恤金而宣告结束。弱国无外交，这在中国外交司法判例上成为破天荒的一例。

案件轰动了上海滩，此案吴凯声分文未取，反而资助陈阿堂家属 800 元。

> 萧萧雨雪满窗前，斗室寒寒孰为怜；
>
> 三十年来无别物，只有白发与残篇。

谁能想到这篇凄凄惨惨的《穷愁诗》，竟然是声名显赫的租界大律师吴凯声所写。吴凯声 18 岁读大学时，师从一代词人王国维，学习《人间词话》，从而打下诗词的功底。吴凯声在自己穷困潦倒之时写下了这首诗，所以他深知民间疾苦，同情弱小。

声名鹊起后的吴凯声社交圈更加广泛，在上海滩三教九流里都有一定的影响，他不仅与黄金荣、杜月笙等青帮大亨关系密切，而且还非常关注社会底层民众，力所能及地维护小人物权益。

在吴凯声经手的上千件案件中，死人最多、情节最残酷的，莫过于"新大明轮沉没"一案。

新大明轮是上海一家轮船公司的一艘客货轮，1926年夏季，该轮自上海港口启航，驶出不久，即在长江口附近沉没。三百生灵死于非命。惨案发生后，当年上海各家大小报刊几乎每日长篇累牍刊载消息，报道情况。上海市民争相传阅，街头巷尾议论纷纷，一时轰动上海。

死难者家属呼天抢地轰上门去要向船主讨还这笔血债！可是庙在找不到和尚，船东跑路了。

在此上天入人地无路、控诉无门的情况下，有些家属经人指点，来到了吴凯声律师事务所，恳请做主。吴凯声无限同情这辈苦难人，愿为请命，接下此案。

吴凯声接受委托后，第一件事就是在上海各大报纸上登出一则重要启事，通告全体死难家属来律师事务所登记姓名。他这样做，目的是要成立"新大明轮沉没惨案家属联合会"，然后以律师身份代表死难家属，向公共租界会审公廨堂提诉讼，追究新大明轮船主的民事、刑事责任。

吴凯声在此案中，前后三个月，连日奔波不歇，尽心竭力。除此，他垫付了诉讼等等一切费用，数目是不小的，而其中贴去的车马费还不在内呢。他尽了一名律师的神圣的天职。

最后已经宣告破产倒闭的轮船公司拿出了一笔小小的抚恤金，金额殊少，杯水车薪。但这终究是赢得了一场正义的官司，吴凯声敬职敬业的法律援助精神，一传十，十传百，慢慢在大上海的十里洋场传开了。

国民党员为共产党员辩护

刘方岳也正是看中了吴凯声的人品和影响力，所以才下决心找他帮忙营救陈延年。但此时国民党正在大肆搜捕屠戮共产党人，刘方岳心里一点把握没有，他抱着试试看的心理请吴凯声到松岚阁茶馆喝茶。两人见面，刘方岳将事情原委和盘托出，让他没想到的是，吴凯声居然非常爽快地答应了，表示一定会鼎力相助。

吴凯声和刘方岳结为好友后，在刘方岳的引荐下曾经和王若飞、周恩来、陈延年会过面，同时他也非常同情共产党人的遭遇，所以当即同意接办此案。

当天，吴凯声即发动自己的律师事务所里全体人员到上海各巡捕房、警察局去探摸情况。很快就传来了消息，有人在闸北区警察局的预审档案里看到了一份材料，上面说："一自称陈友生者，皮肤粗黑，身穿短衣，裤脚扎有草绳，很像是干粗活的人，此人是房东家烧饭师傅，警察局抓错人了。"

吴凯声曾经见过陈延年，据此综合了其他方面汇集来的材料，确认了这个自称陈友生的即是陈延年，并断定其尚未暴露身份。他立即将这消息告知刘方岳，并说已向巡官塞了点钱，只要警察不知道他们抓到的是陈延年，估计过一些日子就会放人。吴凯声果然有门道，半天时间都已打听明白，安排妥帖，刘方岳感觉自己找对了人。

吴凯声知道这是件急案，急案当速办，如果时间拖长，露出马脚，立将危及陈延年生命。为此，他非但从内部进行营救，还在外界从事活动，他委托郑毓秀大律师直接去向闸北区警察局长疏通关节放人。

郑毓秀也是个大律师，她与闸北区警察局长是广东同乡，这个局长对她十分钦佩，所以吴凯声认为她出面转圜讲句话有力量，定可成事。

当时，国民党上海警备司令叫杨虎，国民党市党部秘书长叫陈群，上海一时成了"虎群世界"，笼罩着一片白色恐怖。然而，吴凯声无所畏惧，为了从侧面起到些推助作用，他在各种交际场合有意放出话去，说国民党要得民心，必须释放无辜被捕的人。

经过吴凯声四处奔走斡旋，上海闸北区警察局已基本认定被他们抓捕的陈友生（陈延年）只是帮助共产党人做饭的一位烧饭师傅，准备结案释放。

不料，风云突变，吴凯声的赤诚相助，周密筹谋都被吴稚晖的一封信击得粉碎。1927年7月5日，上海《申报》发表了吴稚晖给杨虎的一封贺喜信，题目是《铲除共党巨憝》，说"今日闻尊处捕获陈独秀之子延年，不觉称快，先生真天人，如此之巨憝就逮，佩贺之至"。

很显然，这是一封公开的告密信。这突如其来的一封信，把已经准备迎接陈延年出狱的吴凯声、刘方岳置入了冰窖。这封致命的告密信是如何出炉的呢？原来，就在吴凯声、刘方岳全力营救陈延年的同时，另外一条营救线也在做着同样的努力。

陈延年被捕后，党内文化界人士不知其处境，却秘密地进行营救，在那里已点出了陈的真名实姓。上海亚东图书馆经理汪孟邹，与陈独秀是世交，急得不得了，汪孟邹就主动去恳求胡适帮助救陈。

　　胡适当夜写了封长信给他的老友吴稚晖。吴稚晖虽是国民党元老，但和陈延年有师生关系，他当年曾出面资助陈延年赴法留学。胡适认为请吴稚晖出面在国民党高层中周旋帮

　　吴稚晖，江苏武进人，曾为清朝举人，后留学日本，1905 年加入同盟会。才学出众，早年参加新文化运动，后成为蒋介石亲信，1953 年病逝于台北。

忙，或许能够救出陈延年。胡适万万没有想到的是，此时的吴稚晖已经彻底转为反动的国民党右派了。

吴稚晖接到胡适的信后，立即起笔向国民党上海警备司令杨虎发出一信名为"贺喜"，实则是告密。本来杨虎还不知已抓到陈延年，吴稚晖给他的信，使他欣喜若狂。

陈延年的身份暴露了，他被从闸北区警察局押解到了上海警备司令部，营救的希望化为了泡影，但吴凯声、刘方岳并没有放弃最后的努力。在松岚阁茶馆，吴凯声决定要做政治犯陈延年的辩护律师，他和刘方岳心里都很明白，在这种特殊时期，这次辩护是要冒极大风险的。

1927年7月底的一天，上海的国民党军事法庭开庭审讯，吴凯声律师通过特殊关系，被允许出庭辩护，虽然辩护了一个小时，但法官只凭当局的指令，根本就不理睬吴凯声的依法辩护，硬判"巨憝"陈延年死刑。没等被告上诉，第二天就执行了秘密枪决，陈延年壮烈牺牲了。

陈延年案成了吴凯声一生的遗憾。1929年，吴凯声奉派担任中国驻国际联盟全权代表，兼任驻瑞士国特派全权公使。并代表中国政府签署了《国际国籍法》《国际海洋灯塔公约》

和《禁烟条约》等。1932 年尝尽弱国无外交滋味的吴凯声从瑞士回国，继续从事律师工作。

1933 年 3 月的一个晚上，杨杏佛突然来到拉斐德路（今复兴中路）612 号吴凯声寓所。杨杏佛曾任孙中山秘书，1932 年，他与宋庆龄、蔡元培和鲁迅等发起组织了中国民权保障同盟，并被推举担任总干事之职。吴凯声也是中国民权保障同盟成员，是同盟的法律顾问。这么晚了，杨杏佛来找吴凯声肯定是发生了非常重要紧急的事情。

这晚，杨杏佛是奉了宋庆龄、蔡元培两位同盟主席和何香凝之命前来的。他告诉吴凯声，廖仲恺和何香凝之子廖承志 28 日突遭秘密逮捕，一起被逮捕的还有罗登贤、余文化两人，现关押在老闸捕房。他随即讲了廖承志等人的详情。

当时杨杏佛对吴凯声说："我受廖夫人、孙夫人、蔡元培先生的委托，特聘您为辩护律师，出面营救廖公子等人。"何香凝、宋庆龄等人考虑到吴凯声曾任驻欧使节，国内外颇有名声，又是上海名律师，才以之相托。吴凯声当即允诺，并慨然答道："营救被捕的中共党员和民主人士是我们同盟之光荣职责，过去，同盟也多次这样做了。我乃中国民权保障同盟之法律顾问，营救廖公子等人，义不容辞。"

形势非常危急紧迫，廖承志等人被关押在上海老闸捕房，一旦被押解南京落入国民党特务手中，将会有生命危险。吴凯声正准备和杨杏佛商量对策，没想到杨杏佛却不动声色地和他说道："除了廖承志这个案子的三个人外，还有两名爱国人士也要救。"另外两名爱国人士是一对兄妹，哥哥叫陈赓（时名陈广），妹妹叫陈淑英，他们已经于24日先期被公共租界逮捕，但是他们的案子，将与廖承志的案件同步受审。

　　两个案子，五个共产党人，面对如此复杂棘手的形势，吴凯声毅然答应了杨杏佛的请求。

　　吴凯声为了争取把案子留在上海，请上海各大报纸刊登了廖承志被捕的消息，消息一经报载，消息传到千家万户，沪上哗然，全国关注。老闸捕房不得不把此案交付位于上海的江苏高等法院第二分院（简称高二分院）公开审理。

　　案子要在上海审理，何香凝、宋庆龄等人都松了一口气，吴凯声立刻动员自己事务所里的几位帮辩律师，组成辩护律师团。因为被营救的有五人，所以律师团还做了分工，吴凯声本人和马常担任廖承志及陈赓兄妹的辩护律师，蔡晓白、陈炳煜等担任罗登贤、余文化的辩护律师。

　　接着，吴凯声到老闸捕房看望了廖承志和陈赓，详细了解了案件情况，并和他们签订了委托书。

1933年3月31日下午二时，上海四川北路高二分院正式开庭。法庭内外，密布包探、英国巡捕、司法警、便衣特务，戒备森严，气氛肃杀。法庭里坐满了人，旁听席上黑压压的一片。

审判一开始，第一个就叫到陈赓。法官问陈赓姓名、年龄、籍贯后，直接问道："你是不是江西共产党第十四军军长？"陈赓说："我就是一个普通老百姓。"法官又问："你来上海是否图谋推翻政府？"陈赓："我是陪我妹妹来上海治病的，我从来没有任何越轨行为。你们无证无据非法逮捕我们，严重侵犯人权，必须将我们立即释放！"

吴凯声起立辩护。他首先指出公共租界捕房在陈赓兄妹住所并未搜查到任何犯罪证据；其次，陈赓是为治病来上海的，作为一个公民应受到法律保护；再次，吴凯声在法庭上大声疾呼："现在青年都很爱国，爱国无罪！陈广或有过激爱国言论，亦何罪之有？"

吴凯声在辩护的时候，被告席上的陈赓不时朝他含笑点头，以示赞许、钦佩之意。二十多年后，已经成为新中国大将的陈赓以校长的身份，对哈尔滨军事学校的学生们说过这样一段话："三十年代初，上海有一大名鼎鼎的律师，身为国民党员，却能维护正义，为共产党员辩护，他的行动震惊中外人士，他的余音至今犹在耳际。我对此人在反动派法庭上不畏强暴，义正词严地斥责国民党，实在敬佩。"

陈赓一案庭审完毕，法庭开始审理廖承志等三人的案子。捕房律师甘镜、叛徒王其良、上海警察总局法律顾问詹

年轻时的吴凯声

纪凤三人轮番上阵，指正廖承志等三人是共产党员。

王其良出现在法庭上，他先亮明了自己的身份，然后当堂作证，一口咬定廖承志等三人是共产党员。有人证、证据确凿，法庭上顿时紧张起来。

此刻，终于轮到被告辩护律师发言了。吴凯声霍地站了起来。他首先以恳切的语气，沉重的声调，说了这样几句话："廖公子是先烈廖仲恺先生之嗣，且仅此一子，自被捕后其母何香凝委员思念心切，以致旧疾复发，昨已昏迷一次，今仍卧床，忍泣以对。党国有殊勋之人，而其后嗣竟遭此牵累，能不痛心?！"

吴凯声声情并茂且合乎法理的这几句话，立即转变了庭审的气氛。人们顿时露出了同情、怜惜的目光。

随后，吴凯声当庭驳斥了王其良这个叛徒，他说："王其良因在经济上与廖公子有私怨，所以诬告廖公子等是共产党。王其良空口无凭，哪里可以作证？只有拿出十足证据，才能让人信服！否则，这个作证，不能成立！"

吴凯声预料到王其良会出庭作证，所以他事先早已做了准备，他开头几句像题外也似题内的话是为了转变气氛，如今一涉及案子本身，就抓住这个最为关键的要点先发制人扳倒叛徒，让所谓的铁证失去了作用，这样，下面的文章就好做下去了。

吴凯声慷慨陈词，滔滔不绝地讲了一个多小时，法庭气氛转向有利于廖承志一方，吴凯声最后陈述："犯罪者必有犯罪行为，犯罪行为，经确证始可定罪。被告逮捕至今，已经三天，法庭并未查到任何证据，因此，应立即将其释放！"

控方没有强有力的物证，而单凭证人空口无凭随嘴说说，是定不了被告罪的。于是，法庭陷入僵持状态，局面尴尬，进退狼狈。法官休庭商议，觉得此案棘手难办，还是把这烫手的山芋扔到别人身上去算了。决定将陈赓、陈淑英、罗登贤、余文化、廖承志五犯移交上海警察总局。

庭审后，陈赓、廖承志等五人立即被押上一辆红色汽车。吴凯声听到宣布，立刻离庭，也跳上了自备黑色轿车向上海警察总局急驶而去。吴凯声为什么要追到警察总局呢？原来，他怕总局将陈赓、廖承志等五人秘密押往南京，而一旦解到南京，生命便毫无保障，营救将十分困难。他一到总局，当即到局长办公室找到局长蔡劲军，他对蔡局长说："根据《刑事诉讼法》，有被告侦讯完毕可交辩护律师责付出狱的规定，因此，请您按此条例，将被告陈赓、廖承志等五人责付我带走。"

所谓"责付"，即律师负责、保证在被告保释之后随叫随到。如果被告逃走，则律师要承受相应的法律制裁。蔡劲军一听，连连摇头，笑对吴说："虽有此规定，不过，这件案子涉及范围太大了点，小弟实在担不起这个责任啊！"

警察局长一番推诿不敢放人，吴凯声却步步紧逼，他让蔡劲军给吴铁城市长打电话，请市长明确答复：是放人，还是不放？

蔡劲军想请求市长，让市长决定，这个责任就上交了，可以使得。于是一个电话打到市府，吴铁城在电话里下了指示："廖承志可以责付释放。陈赓、陈淑英、罗登贤、余文化等四人仍旧看押。"

蔡劲军当即将这个指示转告吴凯声，同时提出要两人做廖承志的担保人。吴凯声回答他说何香凝、柳亚子两位中央委员作保够不够资格，放不放心。蔡不好意思地回答道："言重了，言重了！"

办毕一切手续后，廖承志被释放了。吴凯声不及多说话，带着他登上黑色轿车，驶出警察总局把廖承志送回了家，

老年时的吴凯声

那一年廖承志只有 25 岁。

50 年之后，1983 年，吴凯声为逝世的廖承志写下了这样一首悼念诗。

悼念廖承志

——忆往事

五十年前一儒生，门庭冷落订新盟。

外交司法第一案，年纪轻轻就迈进上海滩头牌律师行列，他一生坚守的是"我是律师，只知道接受委托，依法办案"。

"三道头"挨的一掌两拳

1927 年的某日，在南京路，一个英国巡捕三道头（租界巡捕的小头目，上衣袖口上有三道约二寸的白色条子，故得名）手执警棍，殴打一名黄包车夫。车夫被打得头破血流，跪地求饶，引来众人围观，一个路过此地的年轻人见此状况大声呵斥英国巡捕，英国巡捕没有理睬这位年轻人。于是这位愤怒的小伙子上前对着英国佬就是一记耳光，随后左右开弓挥了两拳。

当天这位年轻人被英巡捕房关押，第二天以妨碍公务罪和殴打巡捕罪被起诉。这个年轻人叫钟志刚，是只身来沪求学的中学生，这个尚未成年的小伙子在上海举目无亲。

在会审公廨初级法庭，法官问他："你为什么要打三道头巡捕？"

仲恺遗恨成千古，承志蒙荫享大名。

今日几多人凭吊，他年赢得客心惊。

江山依旧春风里，花落能无惜两京。

廖承志被成功地营救出来了，但陈赓等四人却仍然被关押着。廖承志被释放的第二天突然传来消息，陈赓、罗登贤、余文化和陈淑英 4 人当天被秘密押上火车解往南京。吴凯声立刻派人前往警察总局打听情况，得到的回复只有 4 个字："无可奉告。"

现在的情势十万火急，必须马上进行营救。何香凝不以爱子已获释而站之局外，她决意为营救四人继续与国民党当局相周旋，于是立即将这消息告知中国民权保障同盟。

4 月 2 日，宋庆龄、蔡元培等联名签署一份电报发给正在南京的国民政府行政院长汪精卫，电文如下：

南京，行政院汪院长、司法行政部罗部长勋鉴：世日（即 3 月 31 日）沪特二法院判决移提共产嫌疑罗余陈陈四人，东晚（即 4 月 1 日晚）由市警察总局解京。罪证即不成立，移提久禁，已属违法，务望力争由正式法庭审判，勿用军法

刑讯，以重民权，而保司法独立。伫候电复。宋庆龄、蔡元培，冬（即4月2日）

4月3日，汪精卫复电：

东电敬悉，谨当依法办理，特复。

当天下午，中国民权保障同盟临时全国执行委员会和上海分会在亚尔培路331号举行联席会议，宋庆龄、蔡元培、杨杏佛、郁达夫、胡愈之、吴凯声、王造时等30多人出席。

会议先由杨杏佛报告营救廖承志的经过，紧接着就讨论"罗余陈陈"问题。当场推选出宋庆龄、杨杏佛、吴凯声、沈钧儒和伊罗生（美国记者）五人为代表赴南京进行营救。会议同时成立了"营救政治犯委员会"。

第二天上午11时左右，宋庆龄、杨杏佛、吴凯声、沈钧儒和伊罗生等五人，乘京沪特别快车前往南京。下午五时，在南京扬子饭店，汪精卫与宋庆龄一行人会谈。

宋庆龄当场向汪精卫提出两点要求。第一，此次逮捕的这四个人，都是爱国青年，不可残杀青年，应立即予以释放。第二，释放一切政治犯。

吴凯声以法律顾问和律师的身份，对汪精卫说："根据我国约法规定，公民有言论、出版、集会、结社等自由，就是共产党员也有此权利，不能除外。这四个人如果确实是犯了什么法，也应送司法机关审讯，不可任意扣押。现在你们这种做法，难免会引起国际指责，并将不利于我国早日收回治外法权。"他又对当前局势向汪精卫进言："汪先生，从国际形势看来，我们只有立即消弭内争，团结一致对外，才有力量。不然，大敌当前，而犹内战不息，国力势将衰败不堪！"

1933年6月18日，杨杏佛在上海被国民党军统特务暗杀。8月29日，罗登贤牺牲于南京雨花台。几个月后，1933月，陈赓获得释放，带着妹妹去了江西革命根据地。

时任上海市长的吴铁城有一次在聚会上看到吴凯声，吴凯声说："你是国民党党员，怎么净帮共产党人打官司？"吴凯声回答："我是律师，我讲公平、公正。"

吴凯声的律师生涯中，为共产党员办案是最亮眼的。在民族尊严面前，他匡扶正义，将"陈阿堂案件"打

钟志刚理直气壮地回答:"因为他欺负黄包车夫,我看到自己的同胞受辱挨毒打,才打他的。"

钟志刚的"打"字一出口,审判长因得到口供,随即宣布退庭,于是审讯到此结束。不久,二审钟志刚被当庭判处有期徒刑三年。

钟志刚父母闻讯后,从老家赶到上海直奔吴凯声法律事务所,恳求吴凯声代子上诉。吴凯声听完钟氏夫妇一番陈述后,当即写了一份上诉书送会审公廨,几天后,上诉法庭宣布开庭。

在法庭上吴凯声郑重申明:"钟志刚无罪,不应受判刑之处分。钟志刚当时阻止英籍三道头毒打同胞为无可指责之正义行为。至于所谓钟志刚殴打该英籍三道头一节,未闻留下任何伤痕,且仅有捕房巡捕作证,不足为据。"

接着他慷慨激昂地阐述自己的立场:"真正应负法律者是这个英国巡捕,他无故殴打中国车夫,不仅触犯了中国法律,同时也触犯了英国法律,这种犯罪行为也是英国法律绝不允许的,这一点,务必请书记官记录在案。现在,我代表被害人(受伤的黄包车夫)及其家属,向本庭起诉。"

吴凯声随后向法庭提出直接向当事人钟志刚问话。审判长答应了他的要求。吴凯声发问:"钟志刚,你是否打过英国三道头巡捕?"钟志刚这时心领神会,回答:"没有,我只是举了举拳头,并未动手打他。"紧接着他补充说:"我年龄个头都小,三道头巡捕是外国人,人高马大,我怎么敢打他呢?"

吴凯声听完这席话,向审判长申诉。"大英帝国乃法治之国,本律师要求将该英籍三道头立即送英国上海按察司惩办。至于钟志刚,所谓殴打该英籍三道头事,既无物证,也无合法之人证,不能成立。何况,钟志刚只是一个未成年之少年,按法律不能处刑。为此,我要求法庭宣告钟志刚无罪!"

钟志刚恢复自由后,念念不忘吴凯声,几十年来常在友人中提起这位大恩人。

"赵飞燕"的离婚案

30 年代,上海滩的小报曾经这样形容民国四大名门奇女之一的蓝妮,"您想知道古代赵飞燕到底长什么样子吗?去看一眼蓝妮小姐就知道答案了。"

蓝妮,云南建水人。祖父蓝和光曾任广东省香山县知县。香山县是孙中山的故乡,多少年后,他的爷爷不曾想到自己的孙女做了孙中山长子孙科的夫人。

蓝妮和孙科的结合是蓝妮的第二次婚姻。

蓝妮的第一任丈夫是南京政府财政部常务次长李调生之子李定国。李定国毕业于上海政法大学,是一个喜好京剧的俊美少年,比蓝妮大两岁,然而这场在外人看来美满的婚姻却没有维持下去。

李定国每天游手好闲,除了京剧,似乎一切事都与他无关,家中一切开销由父亲提供。饱读诗书的大家闺秀蓝妮,努力寻找与丈夫的共同语言,然而,最终令她大失所望。

1933 年,蓝妮委托吴凯声为她办理离婚手续。他们的相识是因为蓝妮是吴凯声前妻虞韵清的好友。

起初吴凯声对蓝妮提出离婚很吃惊,想以没打过离婚官司为由劝她打消这个念头。但蓝妮决意要离。于是,吴凯声在他们夫妻间进行调解,后经他们夫妻二人双方同意,未通过法院就办理了离婚手续。

1936 年 6 月,恪守一夫一妻制的孙科决定迎娶蓝妮,消息传出,社会舆论一片哗然。孙科顶住家庭和社会的压力,

　　1948年，孙科参选副总统时，发生了所谓的"蓝妮事件"，在媒体的大肆炒作之下，不仅使孙科落选，也使孙、蓝二人矛盾激化，最终分道扬镳。

摆了 4 桌酒席。在同事和朋友祝福声中，他打趣地自嘲："作为立法院院长，我是知法犯法，罪加一等。"婚后为了表示自己对蓝妮的忠贞，立字为据上书：

"我只有元配夫人陈氏与二夫人蓝氏二位太太，此外决无第三人，特此立证，交蓝巽宜二太太收执。"

后来蓝妮将这个字据的复印件交由吴凯声保存。1989 年 12 月 11 日，在上海静安古寺，吴凯声 90 大寿，来宾中就有蓝妮女儿孙穗芬。

闲话惹出的官司

1935 年 5 月 4 日，上海《新生》杂志第 2 卷第 15 期上一篇《闲话皇帝》的文章，让隔海相望的日本天皇龙颜大怒。6 月 7 日，日本驻沪总领事石射向上海市长吴铁城递交了一份照会，抗议《闲话皇帝》"侮辱天皇""妨碍邦交"，必须为此"向日谢罪"，要求中国当局必须对《新生》的主编和作者绳之以法。

易水（艾寒松）的《闲话皇帝》这篇随笔，泛论中外君主，其中谈及日本天皇时文中这样写道：

"日本的天皇，是个生物学家，对于做皇帝，因为世袭的关系他不得不做，一切的事情虽也奉天皇之名义而行，其实早就作不得主……日本的军部、资产阶级，是日本的真正统治者。上面已经说过：现在日本的天皇，是一位喜欢研究生物学的，假如他不是做皇帝，常有许多不相干的事来寻着他，他的生物学上的成就，也许比现在还要多些，据说他已经在生物学上发明了很多的东西，在学术上，这是一个很大的损失。"

这篇毫无臧否人物之嫌的文章却掀起了一场政治风波。

文章发表后的第三天，上海的日文报纸头版头条大造舆论，声称《新生》周刊"侮辱天皇"，"妨碍邦交"。在日本侨民和日本浪人的带领下举行示威游行，北四川路上多家中国人商铺的橱窗玻璃被日本人打碎。

《新生》周刊于 1934 年 2 月 10 日创刊，每期发行量高达 10 万份，在全国期刊中名列前茅。到《闲话皇帝》一文发表时，面世仅有一年多的时间。

吴铁城向日本驻沪总领事石射表示歉意后申明：中国政府决无排日意图，且一贯主张与日亲善，希望日本总领事谅解；至于《闲话皇帝》一文，纯属偶然事件。至于惩办《新生》负责人及作者一事，系属司法范围，而且该刊位于租界，只能移交江苏高等法院第二分院办理。石射最后要求从速处理此案，以免事态扩大。

1935 年 5 月 24 日晚，国民党上海市党部委员潘公展、童行白、项德言等人也连夜赶到《新生》编辑部，要求《新生》杂志将来在法庭出庭时不得承认《闲话皇帝》一文是经过"审查"的；如果《新生》周刊将来要请律师出庭辩护，具体人选须经他们的同意。

正在江西出差的《新生》周刊主编杜重远得知此事后，立即回到上海。将《闲话皇帝》的原稿销毁后，秘劝艾寒松迅速逃离上海。1949 年以后，艾寒松从事理论宣传工作，著有《怎样做一个共产党员》一书。

1935 年 7 月，国民党上海市政府在向江苏高等法院第二

《新生》周刊总编辑兼发行人杜重远

《新生》杂志封面

分院提出上诉。法院认定杜重远负刑事责任，罚款500元法币取保候审，听候公诉。开庭当天，吴铁城用私车接送杜重远，取保的500元也是由上海市党部缴纳的。

日本人得知此案最后以罚款不了了之，上海的日文报纸大肆渲染中国当局办事不力，开始对国民党政府施加压力，要求国民党中央党部负全部责任。日本武官接受日本记者采访时扬言:《新生》之事非外交方式所能解决。

上海市政府进行第二次审判前，恳求杜重远设法弄个假"易水"做替身出来承担责任。

7月9日上午第二次开庭。当天，日本海军陆战队全副武装登陆示威，旁听席坐满了日本侨民代表、日报记者，日本总领事秘书田中出现在特别席上，他似乎是来监审的。

这是一桩涉及外交和政治的特殊案件，吴凯声作为首席律师坐在了辩护席上。

"新生"案对吴凯声来说也很棘手，辩护律师出庭辩护不可能不涉及天皇，言辞稍有不慎，就会被日本人抓住把柄，扣上一顶侮辱天皇的帽子。

10时整，审判长宣布开庭，首先由江苏省高等法院第二特区分院首席监察官郑钺提出公诉。他说："《闲话皇帝》一文，对各友邦元首均有论及，而于日本天皇，所述尤多，且有诽谤之言论。著作人易水屡传无着，自应由该发行人兼编辑负责全责。依新刑法第三百一十条第二项，旧刑法第三百二十五条第二款诽谤罪及新刑法第一百一十六条之规定，加重本刑三分之一，请求法庭上依法从重处理。"接着庭长郁华问杜重远："《新生》为什么登载侮辱友邦元首的文章？"

杜重远回答："文章只说元首是个生物学家，是一个学者……且无攻击、侮辱之意。"

郁华接着又问："如果他的毕生精力，能用在研究工作上，则成就更大，对友邦用词语带讽刺、嘲笑，不讲礼貌，知道有罪责么？"

杜重远回答："作者系以学者立场漫谈各国的君主。但可确定作者并非留日学生，不了解日本的情况与他国不同。但文章并无侮辱天皇之意。希望日本不要干涉中国内政，应建立真正平等互利的外交。再者，日本军人专横跋扈，侵占东北，如天皇能对军人加以约束，何至如此！这不是讽刺，而是规劝。如天皇睿智，应令日军撤出东北，还我河山。"

郁华说道："这属于政治问题，应由政府办理，不容在刊物上随意发表。该文讽刺、嘲笑，有损邦交，触犯刑章。"

随后，吴凯声以被告辩护律师身份发表立场：一是《闲话皇帝》并无攻击、侮蔑之处；二是各国宪法规定，公民享有言论自由，日本无权干涉我国内政；三是《闲话皇帝》发表时，被告不在上海，不知者不为罪，虽有失察之责，而被告已当庭表示抱歉与遗憾。如法庭认为被告应负刑事责任，亦请依照刑法第七十四条和第四十一条的规定，予以缓刑或易科罚金的处分；四是我东北人民处在水深火热之中，日本一日不撤兵，东北人民一日无家可归，其中痛苦，应由谁来负责？总之，本案杜重远不应负刑事责任，应宣告无罪，立即释放。

吴凯声辩护完后，庭长郁华宣布辩论结束，随即退庭进入商议阶段。几分钟后，庭长出庭宣判："杜重远散布文字，共同诽谤，处徒刑一年二个月。《新生》周刊2卷15期没收。"吴凯声当即请求法庭请改判缓刑或易科罚金，法官以"环境不许可"拒绝。吴凯声又请求上诉，法庭认为，依刑法六十一条之规定，不得上诉，不能交保。庭长郁华最后问杜重远："被告还有什么话要说？"杜重远愤怒地回答："爱国何罪之有？"

此案上诉后，被高二分院刑庭驳回。7 月 22 日，杜重远妻子侯御之再次向最高法院提出控告，结果是维持原判。

"新生事件"期间，上海《字林西报》报道了一则美国版的"新生事件"，美国《时髦社会》(*Vanity Fair*) 杂志刊登了一幅漫画：日本天皇拖着一架炮车，车上摆着"诺贝尔和平奖"的证书。日本外务省认为这是蓄意侮辱天皇，对美国政府提出抗议。美方对日本的抗议不予理睬，美国政府对于出版物没有责任义务，同时，漫画作者格罗泊表示，这张漫画的目的就是批判日本军国主义，至于日本态度究竟如何，与他无关。日本对此也无可奈何。奇怪的是，国民党政府却通电全国海关禁止《时髦社会》杂志入境。

当时，伦敦的《泰晤士报》、美国的《纽约时报》和法国的《巴黎时报》都发表评论，指责此举是日本小题大做。面对国际舆论，日本终于歇手，没有将"闲话皇帝"继续说下去。

"我欲入山兮虎豹多，我欲入海兮波海深。呜呼嘻兮！我所爱之国兮，你到哪里去了？我要去追寻。

国之为物兮，听之无声，扪之无形，不属于一人之身兮，而系于万民之心。呜呼嘻兮！我所爱之国兮，求此心于何从兮，我泪眼淋浪其难禁。"

在"新生事件"宣判后第5天，沈钧儒写下了这首感怀诗。他还亲自前往南京向司法部提出抗议。

这一年的年底，鲁迅在《且介亭杂文集》的《后记》中谈及了"新生事件"。他依然以讽刺的口吻说道：

"'图审会'如此善行，行了还不到一年，不料竟出了《新生》的《闲话皇帝》事件。大约是受了日本领事的警号罢，那雷厉风行的办法，比对于'反动文字'还要严：立刻该报禁售、该社封门、编辑者杜重远……判处徒刑，不准上诉了，却又革掉了七位审查官，一面又往书店里大搜涉及日本的旧书，墙壁上贴满了'敦睦邦交'的告示。"

为了平息众怒，国民党当局在杜重远服刑期间予以特殊的待遇。加之，淞沪警备司令蔡劲军是杜重远老友。在漕河泾监狱特地为杜重远盖了3间平房，有自己的厨师，可以与外界自由来往，随便会客。

不久，杜重远保外就医，住进上海虹桥疗养院，第二年九月获释。应同学盛世才之邀，1939 年赴新疆创办新疆学院并任院长，1944 年 6 月，被盛世才杀害于狱中，并被毁尸灭迹。吴凯声得到消息后，义愤填膺，悲愤不已。

1900 年出生的吴凯声，1997 年病逝于北京，被称为与世纪同行的人。

第五章　护花使者
——朱斯蒂

　　一向风流潇洒的"朱二少"竟因一案成为妓院女子跳出火坑的救星，名噪上海滩的大律师为何主动将稳操胜券的官司搞砸？

雏妓的新生

1885 年 9 月 13 日，南浔一户富商家里诞生了一个小小的婴孩儿，家里人为他取名朱斯芾。这名字的开头读音与拉丁文"法律的原则"一词十分相似，像是一个有趣的预言，指示了这孩子的人生道路。

1904 年，朱斯芾考入美国耶鲁大学学习法政。当时，耶鲁大学有很多中国留学生，新生朱斯芾到来不久就引起了同学们的注意，朱斯芾在班里学习成绩突出，口才也十分了得，待人接物彬彬有礼且为人豪爽，入校不久，就被推举为耶鲁大学"中国留学生同学会"会长，成为耶鲁大学的中国留学生领袖。当时有人提议在美办一份增进全美中国留学生联谊和信息交流的报纸，但苦于没有经费，于是，大家想到了朱斯芾。朱斯芾当仁不让，在父亲朱秉钧的资助下，《中国留学生月报》在耶鲁大学诞生了，朱斯芾亲任报纸的经理。该报将孙中山在日本的革命活动的信息传递给全美留学生。

朱斯芾青年照

1909年，朱斯芾在耶鲁大学法政科毕业，获学士学位。当年秋天，朱斯芾离开美国经欧洲回到中国。

1910年朱斯芾参加清廷学部"庚戌"考试，考中中式法政科举人。官居三品，奉旨受农工商部郎中。武昌起义后，朱斯芾辞职南下回归家乡。1913年（民国二年），朱斯芾取得民国政府司法部律师执业证书，开始了他的职业律师生涯，成为了辛亥革命以后最早的中国律师之一。

作为中国律师，既要熟知清代的《大清律例》，民国的

《六法全书》，还要精通法理、文理，才有资格参与国际交涉诉讼。像朱斯芾这样美国耶鲁大学法政科毕业，又能用英文出庭的律师，在上海滩仍然凤毛麟角。

朱斯芾是当时上海滩最有名的律师，声誉极高，经常义务帮助底层人打官司。他曾经帮一个雏妓打官司，被鸳鸯蝴蝶派代表作家包笑天称为"护花律师"。在包天笑的《剑影楼回忆录》中对朱斯芾这个雅号有详细的记录。

有一天，麦根路上的上海市民看到了朱斯芾律师事务所前的一幕奇景。妓院鸨母带着一大群人在他的事务所大吵大闹，而朱斯芾任凭她大吵大闹，正襟危坐，只是低头一声不响地看着公文，对她不理不睬。

公事之余，朱斯芾常去花丛消遣，打探新闻，寻找律师业务，这样富有的公子哥儿，无论妓女还是鸨母都是十分恭敬的，大家都叫他"朱二少"。

不明就里的人以为是朱斯芾少给了钱财或者压根儿没有照顾她家的生意。但事实恰好相反，这件事正是由朱斯芾某一天的光顾而起。

有一天，妓院有一个15岁的雏妓，避开了这个老鸨的视线，向朱斯苊求救，她向朱斯苊哭诉说："朱二少，救救我！老鸨每天都打骂虐待我，我实在是待不下去了。今天，鸨母强要我给一个五十多岁粗野军官开苞，我死也不愿意。"

与一般到妓院寻欢作乐的纨绔子弟不同，朱斯苊在妓院中遇到悲苦的风尘女子，即使是素昧平生，也总是生出许多同情，乐于伸出援手。于是，常有不甘堕落的妓女暗暗地向他求救。

一次，一个叫"苏州老五"的妓女上门找朱斯苊打官司，通过这场官司，怜香惜玉的朱斯苊居然看中了这个妓女。后来，他瞒着家人在南京置办了房屋，偷偷地娶了"苏州老五"做了小妾。正巧，对面邻居是国民党元老于右任，一来二往，朱斯苊和于右任成了莫逆之交。

利用自己的法律专业知识，朱斯苊帮助了很多女子。正是由于这个原因，那雏妓才想到要向他求救。

妓院是当时法律所允许的，身为律师的朱斯苊很清楚，这件事并不好办，但看她幼小年龄，遭此蹂躏，朱斯苊于心不忍，悄悄地在纸条上写了自己在麦根路事务所的地址，交到雏妓手里，然后若无其事地离开了。

第二天上午，雏妓按照纸条上的地址，来到朱斯苊的律师事务所，向他讲述了自己的不幸身世。

朱斯荶摊开一个记事簿，问："你是哪里人？亲生父母在哪里？怎样到上海来做妓女的？详细地说一说。"那雏妓道："我是南京人，家在南京，只知有母而不知有父。家里穷得没有饭吃，把我卖出来，有一个专做贩卖人口的老太婆，把我贩卖到上海堂子里来的。"朱斯荶又问她："现在你想怎么样呢？是不是可以回到亲生母亲那里去呢？"她说："不！契约订定断绝关系，我也不知道亲生母亲现在在哪里，我是九岁就被卖出来的。"

得知她的这种状况，朱斯荶更加为难了。如果能够把她送到亲生父母身边，自然是一件好事，可是她自己也不知道父母身在何处。即使能够救她出来，她也没有活路，不过是跳出火坑，又落入苦海。

这名雏妓之所以会去向朱斯荶求救，不是因为他是一名律师，而只是因为她认为"朱二少"是一名好人。当时的上海是一个典型的半殖民地半封建社会，即使是那些有身份地位的中国人打官司，向来也是不请律师的。

作为舶来品，在民国之前中国是没有律师这一职业的。

自帝国主义在上海实行租界起，上海开始有了律师这个职业。最初，也只有外国律师，没有中国律师。律师只是为外国人服务，运用的是外国的法律。后来由于华洋交涉频繁，尤其在租界，中国人之间打官司渐渐频繁，于是也渐渐有了中国律师。但是，有大公案或者涉外案件时，国人还是请外国律师出庭。

民国时期是中国法律转型的关键时期，而律师是这一法律改革的重要产物。中国近代律师制度产生较晚，而且在制度产生之初，无论中央行政当局还是司法机构，对它的出现都充满了戒备和疑虑。所以无论早期颁布的《律师暂行章程》还是后来陆续颁布的《律师法》等，都对律师执业的发展进行了严格的限制。

因此，决定伸出援手之时，朱斯芾并没有意识到，这个小小雏妓面临的困境，让身为上海滩顶级律师的自己也束手无策。

朱斯芾皱着眉说："你得自己想一想，你出来了怎么办？虽然鸨母现在对你不好，但是毕竟有吃有喝，最时髦的衣裳给你穿、珍贵的珠宝给你戴。你出来以后，一无所有，你能自己独立吗？"

那雏妓听到这里，流泪无语。然而就在这一切仿佛无望的时候，朱斯芾忽然想到了另一条出路。

朱斯芾最后道："你要坦白地说一说，你的客人中，有没有相爱的人，有可以帮你的人吗？"她涨红了脸道："有是有一人，他说很喜欢我，很爱我。"朱斯芾问是谁，她说："是郑大少，杭州人。他虽然如此说，不知是否真心。"朱斯芾说："好！三天后，你来听回信。"

原来郑大少是朱斯芾的老友，当天下午，朱斯芾约郑大少来律师事务所，商议解救雏妓的事。他说："这女孩子，在堂子里还算有志气的，她说你很喜欢她，我已答应她办这事了，但必须你帮忙不可。"郑君问："怎样帮忙呢？"他说："简单得很，她是从妓院里个人光身出来，既无食，又无住，一切她的生活费用，都要你担任直到案子结束。你是有钱的人，应当不在乎的。"郑大少说："说出来不好听，人家说我包一个妓女。"朱斯芾说："这是秘密的，我不说出，人家不会知道。"于是郑大少答应了。

第三天，那个雏妓如期而至。朱斯芾说："我和你的郑大少已商量好，明天你就可以出来，住到一个我指定的旅馆里去。但是他们给你的漂亮衣服、珍贵首饰，一概不能带出来，只能穿一身家常衣服，不然他们可以告你卷逃。到了旅馆里，只要说朱律师定下来的，他们自会招呼你到某一个你一人独居的房间，不要走出来露面。你的饮食、零用等等，也由旅馆处理，你不必花钱。告诉你，一切都是郑大少出钱给你安排的，可是在这期间，郑大少不能和你见面，要等你这案子结束后，方可与你相会。听我的话，放心点，去吧！"

第二天天还没亮，雏妓就按朱斯苪的安排悄悄起床，溜出妓院。直到傍晚，妓院堂差到房间叫人，不见雏妓，立即报告老鸨。

鸨母大骂："这几天生意好一点，就放荡极了，又是同什么小姊妹看电影去了。"一直等到深夜，还不见她踪影，见雏妓一夜未归，鸨母便疑心她逃走了。

老鸨马上去查点雏妓的穿戴衣物，发现一样不缺。就是不见人影，不由得怒从心头起，但是又不敢向巡捕房报案。正在老鸨心急如焚的时候，朱斯苪的律师信来了，告知老鸨，雏妓已经到他的律师事务所，将她起诉，理由是虐待并强迫她接客，破坏她的贞操。

鸨母见到律师函急得跳起来，拿着信大骂："小阿囡哪里想得出这个主意，定是哪个拆白党恶讼师，把她拐骗去了，我要和他去拼命。"

第二天，老鸨拿着朱斯芾寄来的律师函，叫了辆黄包车直奔麦根路朱斯芾的律师事务所，到了门口，她又双手叉腰，大吵大闹，全街上的人都跑来看热闹。

暴跳如雷的鸨母认定是朱斯芾拐走了她的"小阿囡"，一定要找他讨个说法。

鸨母在朱斯芾事务所里，对着朱斯芾大嚷："小阿囡是我的女儿，虽然不是亲生的，是用大红帖子写了文契过继过来，也和亲生的一样。什么强迫和不愿意的人睡觉，那是我们堂子里'点大蜡烛'（即开苞，古文中称之为'梳栊'，），是光明正大的事，朋友们还要饮酒道贺呢。"

朱斯芾一声不吭地听她讲完后，便问她道："你说用大红帖子写了文契，把她过继过来的，那你出了多少钱呢？"鸨母说："花了我白花花的 80 块大洋啊？你若不信，我可以把文契拿给你看。"朱斯芾笑着问她："那么那个破处的客人，答应给你多少钱？"鸨母本来想炫耀一下，一想不对，便说："具体价钱还没讲妥呢！"

朱斯芾听完忽然板起面孔说道："我是律师，依法为人代理诉讼。现在我可以明白地告诉你，你已犯了两宗罪。你说这个小阿囡，是你用了大红帖子写了文契过继过来的，付了80元。告诉你，这个文契，就是卖身文契，你说过继做你女儿，为什么你却让她做了妓女？你这个罪名就叫'逼良为娼'。你说堂子里'点大蜡烛'是个光明正大的事，法律上是这样规定的，一个女人，如果不愿与这个男子奸宿，而被强制执行，这便叫作'强奸'。奸淫未成年女子，罪加一等'。你的小阿囡只有15岁，你就是出卖她童贞的人。就这两个罪名，你吃得消吗？关进监狱里就有你的份了。"

鸨母气急败坏地说："哎呀！那是小阿囡自己答应的呀。请你叫小阿囡出来，我可以和她对质。"朱斯苪说："是你威逼她答应的，她现在不能和你见面，我有保护当事人的责任。"

经朱斯苪有理有节的开导，老鸨有些胆怯，气势不再嚣张，也不再强词夺理。

朱斯苪一看时机已到，便缓和口气说："本来我这状子一进去，巡捕房马上可以到你妓院抓人，但是那个小阿囡还是不想你这么大年纪去坐牢，吃官司，所以先找你谈谈。"

老鸨知道朱斯苪话中有话，立马假装委屈的样子说："我辛辛苦苦把她养大，棺材本就靠在她身上，竟没有一点良心。"

鸨母拍着朱斯荮的肩膀接着说："朱二少朱律师！你也是很体谅人的。这小阿囡九岁就到我这里，一个黄毛丫头，把她养到今天，刚刚有些出息，我的棺材本就全靠她了。"

朱斯荮说："你的黑心钱也赚得不少了，还说什么棺材本啊？现在对你只有两条路：第一，小阿囡和你脱离母女关系，你把当年的卖身文契交出来，另立一张脱离关系的字据。第二，如果你不服的话，我们就起诉，让法官去判断。你回去和人商量一下，三天内听你回音。"灰心丧气的鸨母只得悻悻地走了。

鸨母走后，朱斯荮约来郑大少，告诉他："这事可以解决了，但雏妓如何处置，是你的责任。再有，那个鸨母花80块钱买的她，又养了她五六年，刚刚出道，这回是做了蚀本买卖，给她400元，收回卖身文契。咱们都经常喝花酒，做事不能太绝。400块钱你出，我的律师费不要了。"

第二天，鸨母准时到律师事务所，朱斯荮软硬兼施，说得鸨母心服口服，况且补贴她400大洋，立马拱手称赞律师办事公道。而郑大少在朱斯荩的开导下，最后也娶了那个雏妓。

这事后来传得沸沸扬扬，坊间都说朱斯荩这个案子办得漂亮。花界姊妹更是如获至宝，把朱斯荩视为跳出火坑的救星。此后如法炮制的案子又有数起，于是"护花律师"之名在上海滩不胫而走。

稳操胜券的官司输了

1927 年 11 月的一天，上海已进入初冬，几位"不速之客"突然闯进麦根路朱斯荩律师事务所，请他出面控告上海复兴公司。

复兴公司是当时上海有名的纱厂企业，这几个不速之客，朱斯荩一看便知他们是上海滩的"白相人"，所谓"白相人"就是在上海滩一帮以敲竹杠为生的小混混。这几个"白相人"出示了他们掌握的证据，说复兴公司暗地出卖市场上已出清的"烂污纱"。并当场掏出 1000 元律师费，朱斯荩随即问他们打这场官司有何诉求，"白相人"于是亮出底牌，声称这次抓住复兴公司的把柄，要狠狠地敲他们一笔。

朱斯苪知道他们来者不善，但是，作为律师的他，没有理由把当事人拒之门外。送走他们后，他便开始了调查取证。

当时上海有很多日本人开设的纱厂，他们资金雄厚，设备先进。产品迅速占领了中国市场，对中国民族工业构成了极大威胁。上海的申新、宝成、恒丰等国产纱厂受到压制，交易所内积压了大量中国纱锭。一些投机商人趁机将这些积压纱进行抛空，致使纱布交易价不断下跌。

当时号称"棉纱大王"的荣宗敬最着急，因为他的申新厂纱锭最多，受影响最大。他联络了一些纱厂，联合组成了复兴公司，由恒丰纱厂老板聂潞生为负责人。复兴公司将这些质量不好的"烂污纱"售卖出清，以活跃交易。

复兴公司经过半年多的努力，使市场价格回升到合理的水平，这无疑得罪了靠这批积压纱进行抛空的投机商人，尤其对于那些和投机商人狼狈为奸的"白相人"来说，一条赚钱的财路被切断了。

这激起了一些投资商和地痞流氓的怨恨，他们想尽办法

荣宗敬，江苏无锡人，被誉为中国的"面粉大王""棉纱大王"，是中国近代著名的民族资本家。

要报复复兴公司。恰在此时，又有一批投机商捣乱，故意降低纱价，复兴公司内部又有老板违约暗地将出清的"烂污纱"重新在市场卖出，这下撞在了"白相人"的枪口上。

这次终于有了一个堂而皇之的口实，"白相人"们决定与复兴公司对簿公堂，而且选择上海最有名的律师朱斯荑为他们诉讼。

他们抬出青帮大亨张啸林，让张啸林出面，申请时任上海警备司令薛岳，将本由上海地方法院受理的这个案子交由军法处法官审理。

"白相人"为何选择朱斯荙来打这场官司？作为律师，帮客户打赢官司是义不容辞的责任，但面对民族企业的生存危机，朱斯荙陷入了两难的处境。

朱斯荙在律师界能够平步青云，除了具有高才卓识，以及耶鲁大学法政科毕业的专业水平之外，还在于他有家乡南浔这块得天独厚的人脉根基。南浔本是富商辈出之地，号称拥有"四象八牛七十二条金狗"。所谓"象"、"牛"、"狗"是以动物身体的大小来衡量一个家族的财产，家产千万两白银以上的称为"象"，五百万两以上的称为"牛"，一百万两以上的称为"狗"。朱家本身是"金狗"中的一条，又受到"四象"之一张静江的扶持，所以，朱斯荙回国之后在上海很快便站稳了脚跟。

南浔商人起初靠经营丝起家，后来逐渐把投资重点转移到了上海。他们在上海的投资范围触及各个领域，因而在经营中难免会碰到不少麻烦，极需要有一个为他们服务的律师代理人。由于受乡情的联结，朱斯荙就成了他们的首选。南

　　身为国民党"四大元老"之一，被孙中山称为"中华第一奇人"，蒋介石称为"革命导师"的张静江生于浙江南浔，他擅长经济，精于理财，一直坚定地支持孙中山领导的资产阶级革命。

浔实力仅次于"四象"之首的刘家和张家，就是他的常年主顾。

张家是靠经营丝发家，后来弃丝专营盐务。盈利丰厚成为张家的摇钱树，张家掌门张静江在海外拓展贸易，所以十分需要一个留学欧美懂法律的人来为他们处理经营中的法律事务。作为同乡人朱斯芾自然受到张静江的青睐，被聘为张家的法律顾问，佣金颇丰。

因为张家产业多，钱债的纠纷自然也多，因而只要一年有几场官司，律师的收入就相当可观。朱斯芾在上海滩出门乘坐劳斯莱斯轿车，出入高级娱乐场所，结交的都为显赫之人。在朱斯芾的全盛时期，连看门人都是印度巡捕。

当时上海滩，拥有自备汽车的律师也只有像吴凯声、郑毓秀、陈霆锐、朱斯芾这种大律师，加起来不足十人。

正是因为同乡企业家赏识，朱斯芾的收入才能支撑起豪华的生活，他自然与他们的感情也非同一般，因而他更不想帮"白相人"而伤害正当经营的中国商人。但作为律师，他只能接受当事人的诉讼要求。通过线人多次打探案件的进展之后，朱斯芾想到了解决之法。

恰好负责审理这桩案子的法官是广东人，他听不懂江南方言，在法庭上，朱斯芾故意用苏州话辩护，听得法官丈二和尚摸不着头。加上证人荣宗敬浓重的无锡口音。弄得法官更是一头雾水，一句也听不懂，第一次开庭只好不了了之。

第二次开庭时，法官把聂潞生叫成"摄"潞生。聂潞生当庭质问："你叫的摄潞生，是不是就是我聂潞生？我姓聂，不姓摄。"这一下把法官弄得脸红脖子粗。

被告聂潞生用普通话申辩，避重就轻，闭口不谈公司重新出售"烂污纱"的事实，却用政治语言来代替违规错误。

聂潞生在法庭上振振有词："我们这是振兴中国的纱厂，试问法官先生，我们是不是应该抵制日货？是不是应该振兴中华民族？"说得法官连连点头。

用民族感情来模糊这场官司的实质。这样几次开庭下来，法官在个人观点上明显同情和支持聂潞生。

朱斯芾在法庭上的反常表现让"白相人"感到莫名其妙，认为朱大律师过去出庭每场必胜，怎么此时默不作声，怀疑聂潞生买通了上海警备司令。由于当时各地纷纷抵制日货，"白相人"也怕背上卖国贼的罪名，便去征求朱斯芾的意见。

朱斯苇知道时机到了，便故意诱使"白相人"撤诉。在最后一次开庭时，"白相人"征求朱斯苇的意见，朱斯苇谎称此案胜诉可能极小。"白相人"一听既然胜诉无望，便想敲点银子收场。于是委托朱斯苇当庭撤诉，但要求复兴公司拿出2万两银子来补贴他们诉讼开销。于是，一场官司变成讨价还价的幕后交易。

这群"白相人"从敲诈100万两，后来退到50万两，2万两，最后由于聂潞生的坚持和朱斯苇的暗中帮助，"白相人"一个铜板也没有捞到，只好自认晦气。

就事实而言，"白相人"的证据是比较充分的。复兴公司已经将出清的"烂污纱"重新投入到市场是违法的，这个案件对于朱斯苇而言是非常容易打赢的。对于一个律师而言，败诉无异于给自己的招牌抹黑。然而，朱斯苇面对正义与利益的抉择时，毅然选择了正义，最终帮助那些濒临危机的纱厂重获生机。

从这个案件可以看出，朱斯苇不将律师事务所当作纯粹赚钱盈利的机构，秉承着最初的意愿，他站在正义者的一方。

晚年的落寞

20世纪40年代末期，律师在上海已不再是热门行业。这时候朱斯苐也进入晚年，没有了当年风流倜傥的模样。

不接案子以后，他脱掉西服，一年四季穿着长衫，脚蹬一双圆口布鞋，理一平头，牙齿稀疏，步履缓慢的他和路上的老人并无二致。

在朱家全盛时期，除去房产和收藏外，朱斯苐继承祖上财产25万两白银，而他本人做律师也赚了近25万银元。这些钱按照现在的价格换算，约为7000多万元人民币。

朱家有一女佣，朱斯苐就是由她从小带大的，朱斯苐功成名就后，此时的女佣已年迈老衰几乎丧失了劳动能力，但她还是把朱斯苐当成一个孩子，吃排骨时，依然像小时候一样，用手将排骨撕开给朱斯苐吃。后来朱斯苐给女佣养老送终，葬礼办得风风光光，以至于别人都不相信朱家走的是一个下人。

抗战前后，朱斯苐家道中落，赫赫家产几近荡然无存，究其原因虽然十分复杂，但据朱家后人推敲，朱斯芾败家的最大原因是赌博。

朱斯芾年轻时候就有赌博的这个不良嗜好，刚开始是偶尔为之，后来就越陷越深。中年以后更是变本加厉，筹码越来越大，有一次一夜下来竟然就输掉了一条弄堂。

朱斯芾家道中落的第二个原因是他虽以律师为业，但不精于经营。他是一位出色的律师，却不是一个成功的商人。在他尚有一些资金的时候，朋友劝他投资购买新开张的"上

朱斯芾

海银行"原始股，但他没听朋友建议，投资了另一个项目，结果项目亏本，几万元全部打了"水漂"。

除去前面两点个人原因，朱斯芾的生活奢华不再，还与当时的社会环境有着很大的关系。抗战以后，大批出洋留学学法律的人才回国，律师数量已经过剩，一桩案子往往大批律师竞相争夺。而此时朱斯芾的年龄、精力已远不及当年，也就只能停业了。

但是一家老小都得依靠他生活，所以他经常变卖一些家中古董、字画度日。朱斯芾也不是很懂古董鉴定，经常遭到古董贩子的欺骗，将一些价格不菲的古董字画贱卖给他人。

在古董也所剩无几之后，为了一家人的生活，朱斯芾把手中仅剩的一块祖上家传，据说是皇帝龙袍上的"玉带龙钩"也拿去当铺，所得钱款维持了全家十几口人一年多的开销。

每年除夕，按旧例长辈要给小孩发"压岁钱"，朱斯芾只好当夜凑钱第二天发放，长辈还要孩子们上交，否则生活就会发生困难。

做了祖父的朱斯芾，出去散步有时会带着孙女。回到家，妻子邱丽云有时会问一声孙女："祖父去邮局了吗？"当孙女告诉她祖父去过邮局时，妻子知道丈夫又给那位"苏州老五"汇钱了，她也只是苦笑一下了之。家道败落后，朱斯苻省下自己零用钱按月寄给"苏州老五",邱丽云虽心中不悦,却从没有让朱斯苻在儿孙面前难堪。

当初,邱丽云发现丈夫朱斯苻在外面纳妾后,并没有大动干戈,只是规劝自己的丈夫能在子女们面前不失尊严。但事已至此,朱斯苻不愿放弃对"苏州老五"的承诺,同时他也向邱丽云做出承诺:每晚在12点以前回家。后来连孙辈也知道祖父在外有一个偏房。

邱丽云是湖州织里瑞祥兜人,父亲邱家昌,饱读诗书且善于经商,是南浔人到上海办丝栈的首创者之一。邱丽云17岁嫁到朱家,正是朱家鼎盛时期,粗通文墨的邱丽云,敬重公婆,恪守妇道,深得朱家人的喜欢。

朱斯苻和邱丽云的10个孩子中,年龄相差二十几岁。其中最值得一提的是七子朱黻华,他是一位抗日英雄。

南京紫金山北麓的王家湾,有一座1932年由国民政府军政部航空署建的"航空烈士公墓"。

在中国烈士名单墓碑中有这样一段记载:"**朱黻华少校,上海人,生于1917年1月29日,牺牲于1944年11月20日。**"朱黻华在朱斯苻的12个子女中排行第七,家人称他"老七"。

位于南京紫金山的抗日航空烈士纪念碑

朱斯荸夫妇当初得知本应读大学的老七报考空军军官学校后，大为震惊，以"好男不当兵，好铁不打钉"动摇朱黻华参军报国的决心。朱黻华以"国家有难，匹夫有责"，最终说服父母。朱斯荸见儿子的最后一面，是朱黻华入学半年后，朱斯荸夫妇在儿子的校门口，留着光头的儿子向他们敬了一个军礼。

到了晚年，朱斯荸开始笃信佛教，每日里诵经念佛，据说他的佛学功底很深，如"水陆道场""放焰口"等朱斯荸都很精通。适逢家中做佛事，朱斯荸总是和和尚坐在一起一同诵经，众和尚见朱斯荸念得头头是道，没有一个和尚敢偷懒。晚年的朱斯荸变得更信命，据说有算命先生替他算过命，说他69岁有关口，朱斯荸一直没当一回事。

1953年，就在朱斯荸生日前的一天晚上，他和家人一起打麻将。朱斯荸整晚手气特别好，最后一庄一手烂牌居然还和了。于是他高高兴兴地去上楼休息。第二天早晨，家人发现朱斯荸因突发脑溢血昏倒在地板上。

朱斯荸晚年曾有一句戏言，如果他哪一天生病躺在床上，希望有一位漂亮的护士守护在床前。可惜他生病一直昏迷不醒，未能在去世前一睹护士小姐芳容。1953年，朱斯荸在家中病逝，享年69岁。

第六章　传奇女律师
——郑毓秀

一个成长于封建传统的大家族中的女孩，21 岁时竟成为刺杀袁世凯行动的主要策划者。她是中国第一位女性律师，她为女性维权不遗余力，她是第一位参与起草《中华民国民法典草案》的女性，她就是郑毓秀。

刺客和她的玫瑰手枪

1926 年立冬过后，魏郑联合律师事务开业已半年。一天中午，终于等来了第一单诉讼，各自坐在事务所两端的郑毓秀和爱人魏道明却因为这件诉讼案争吵起来。

当事人是一个年轻妇女，一进门显得很紧张，神情也很沮丧，她向郑毓秀诉说了自己的境遇。

这位年轻妇女说自己结婚两年了，夫妻一直很恩爱。但是最近她发现丈夫忽然变得对她越来越冷淡，丈夫甚至很少回家看望刚刚一个月的孩子。由此他怀疑自己的丈夫和一个远房表妹关系暧昧，丈夫现在经常夜不归宿。这位女子认定丈夫移情别恋了。

说着说着，那个年轻妇女哭了起来，最后她委托郑毓秀为自己的辩护律师，请求代理她的离婚诉讼。

郑毓秀很同情她的遭遇，但还是一直劝她慎重考虑，因为离婚涉及丈夫、妻子和孩子，让她回家考虑好再做决定。

送走这位年轻妇女后，郑毓秀问魏道明："你怎么看待这件事，这个妇女虽然不富裕，但她不能容忍丈夫对她不忠，我认为离婚是她最好的选择。"

魏道明沉吟半晌："你是从法律的角度征求我的意见吗？"

"当然"，郑毓秀回答。

魏道明慢条斯理地说："我认为首要问题应该明白使用法律的目的是为了什么？是维护个人的合法权益。你要知道中国有句古话：宁差十座庙不拆一桩婚，这个社会如何看待一个离婚妇女？离婚后她的处境你想过没有！"

郑毓秀打断魏道明，站起身手指着魏道明说："如果你知道她的故事，就会认为离婚对她来说是一件好事。"

魏道明再一次沉默，几秒钟过后他又说道："你怎么能确定她离婚后会比现在幸福？"

"我看你不是作为律师，而是站在那个妇女丈夫的朋友角度来替他说话的。"郑毓秀尖锐地反驳。

魏道明摇摇头不温不火地说："这不是男女层面上的问题，而是整个社会如何对待离婚的问题。作为律师我们应该考虑的问题是她们今后能否获得幸福。而不仅仅是让他们达到想要离婚的目的。"

魏道明还没说完，郑毓秀抄起办公桌上的长颈花瓶投掷过去，瓶子摔在墙上，愤怒地说："我没有想到你还保持着中国传统的妇女观念，中国要自由，首先是中国妇女的自由，几千年来，妇女们并不享有和你们男人一样的权利。"

郑毓秀之所以如此愤怒，和她的成长经历是分不开的。

1891 年 3 月 20 日，郑毓秀出生于广东省新安县西乡镇，她出生时哭声惊天动地，家人惊异于这个女孩儿的哭声如此之大，祖母给孙女起名叫毓秀。

宝安原叫新安，这一带地方上最有名气的人是郑姚，就是郑毓秀的祖父。郑姚有一个绰号叫"界木姚"，他是"郑氏王国"的缔造者。幼年的郑毓秀生活在离珠江入海口不远的屋下村，"郑氏家族"在当地是一个封建传统的大家族，祖母是这个家族的主人，所有的亲戚都生活在这个"郑氏大院"中，所有的女性都过着"大门不出，二门不迈"的生活。

郑毓秀的父亲在京为官，有时候两三年都不回一次家，郑毓秀的母亲饱受了相思之苦。后来，郑毓秀的母亲得知了郑毓秀的父亲在京重新组成家庭，却无可奈何，整日以泪洗面。在当时，男人三妻四妾是很正常的现象，祖母也只是劝

祠堂，是家族文化与记忆的传承，是中华历史与文明的象征，它不仅是祭祀祖先的场所，也是几千年来中国传统的宗族观念在日常生活中的深刻体现。

解郑毓秀的母亲注意仪态，别让人贻笑大方。

郑毓秀与她的母亲不同，她天生叛逆，对三纲五常、三从四德之类的封建礼教并不放在心上。清朝末年，随着许多西方社会理念的流入，男女平等的思想逐渐在中国生根发芽，传统中国妇女的地位也进入到一个重要的转折时期，很多接受过新思想的女性，也开始为了自己的权益抗争。7岁那年，祖母把刚从私塾放学的郑毓秀叫到跟前，要求她从明天开始缠足。面对往日里十分疼爱自己的祖母，这一次她勇敢地拒绝了祖母的要求，她大声宣布："我决不缠足，即使我嫁不出去也决不裹脚。"后来，她还因为不满家庭的包办婚姻，主动写信给男方，要求解除婚约。正是由于她的叛逆，造就了她后来非同凡响的一生。

1905 年，郑毓秀孤身一人东渡日本求学，一年以后加入孙中山领导的同盟会，正式参加革命，成为反清反封建的一员猛将。21 岁时，郑毓秀策划实施了一起震惊全国的刺杀事件。

1912 年 1 月 16 日上午 11 时 30 分，时任内阁总理的袁世凯退朝回家，经过丁字街玉茶楼门口时，一颗炸弹落地轰鸣，一时间枪声四起。袁世凯的护卫等人当即毙命，但袁世凯却侥幸得免。张先培、黄之萌、杨禹昌三位革命党人当即被捕，被折磨三日之后，又被活活烧死。

刺杀袁世凯行动的策划者就是郑毓秀。1911 年，武昌起义成功，各省相继响应，宣布独立。中国发生了天翻地覆的变化。

辛亥革命爆发以后，清廷恐惧，为挽救时局，清廷任命袁世凯为内阁总理大臣，以镇压革命党人。于是革命党人决定铲除袁世凯。

郑毓秀在廖仲恺的推荐下，加入同盟会。以极大的热情参加了天津起义，成为天津最活跃的同盟会员之一。在辛亥革命爆发后的一两个月，郑毓秀多次为革命党人秘密运送军火，传递情报。

同盟会京津负责人李石曾命令郑毓秀任负责人，和黄之萌、张光培、杨禹昌、陶鸿源、严济芬、李怀莲、许同华、付思训、黄永清、肖声、钱铁如、吴若龙共12人组织暗杀团，目标是袁世凯。

他们选择的时间是1月16日上午11点，地点是袁世凯的马车每天早上到家中必经的丁字路口。1912年1月15日，各组已按计划奔赴各自岗位，郑毓秀突然接到了一个最新情报，决定放弃刺杀袁世凯的行动。

最新情报显示，南北议和的真正阻力来自于良弼，而不是袁世凯。于是郑毓秀就根据平时的线索，通知到了其他8位战友，但未接到通知的战友还是按计划实施了刺杀袁世凯的行动。

武昌起义后，在良弼的鼓动下，代表清室宗亲的宗社党在朝廷中占据了主导地位。这让隆裕太后与宣统皇帝似乎看到了希望，要与革命党进行最后的决斗。

郑毓秀为通知其余战友也前往刺杀现场，街上的行人越来越多。人们都奇怪地看着这个奔跑的青年女子。郑毓秀知道，倘若她能阻止这次行动，就会减少同志们的牺牲。然而袁世凯的座驾过来，炸弹响了，刺杀小组已经行动。

现场一片混乱，郑毓秀情急之下拔出手枪，连开数枪，击毙了一匹马。她再次举枪向袁世凯射击时，扳机却出了问题。随后她连忙将枪一抛，并故意靠近警察，像一个围观者一样，一面喃喃自语，一面伺机逃跑，警察只听见这个女孩边走边说："岂有此理！岂有此理！那些无法无天的革命党，胆敢在光天化日之下，干出这类暗杀的坏事！"

就这样，在子弹与炸弹声中，郑毓秀登上历史舞台，开始了她传奇的人生。

刺杀袁世凯事件后，郑毓秀继续帮助同盟会多次实施暗杀行动。1914 年，已经登上袁世凯暗杀名单的郑毓秀忽然醒悟，救国救民，仅有热情还远远不够，必须具备先进的思想和技术，才能有真正的用武之地，于是郑毓秀选择出国留学。

1914 年，郑毓秀赴法留学，进入巴黎大学学习法律，巴黎大学的前身是索邦大学。在巴黎，郑毓秀取名苏梅，在这里她认识了自己后来的丈夫，同在法国求学的魏道明。经过3年的刻苦攻读，郑毓秀于1917年以优异的成绩获得巴黎大学法学硕士学位，并且继续攻读博士学位。

郑毓秀在法国求学期间，加入法国法律协会，是协会里第一位中国人。1919年初，"中国国际和平促进会"在欧洲成立。由旅居在英、法的中国留学生、华侨及某些中国政界人物联合组成。宗旨是"增进中华民国国际地位，抵御强权侵犯"。成立不久，正值巴黎和会召开。

5月9日，和平促进会召开国耻纪念会，郑毓秀作为留学生代表发表演说："协约胜利、吾人失败""合约自达和平之前途，乃遗吾人以黑暗之前途！此等条件，吾人誓不能签字。"这次大会更加激起了旅欧华人的爱国热忱。

中国国际和平促进会在1919年5月4日召开紧急会议，会议议决如下：

电巴黎和会四大代表，要求对于中国问题秉公办理，并予以公平之待遇。

电巴黎中国代表，与中国又不利之条约切勿签字。

1924 年，郑毓秀在法国毕业学成归国，成为了中国历史上第一位女性博士。

5月7日下午以中国全体留学生名义，赴英美两国使馆，要求两会使转达本国政府及人民，对于中国在和会上请维持公理并予以公平之待遇。

6月28日，四十多名留学生和华工包围了圣克卢陆征祥在巴黎的寓所，这时一辆汽车已停在门口，准备接陆征祥前往和会会址凡尔赛宫，郑毓秀作为留学生代表被推举去见陆征祥，领受北洋政府签合约旨意的陆征祥，拒绝了郑毓秀等人的请愿。郑毓秀用一物顶住陆征祥的后腰愤怒地说："你要签字，我裤袋里的这只手枪亦不能宽恕你。"实际这支枪，是郑毓秀在陆征祥所住寓所后花园中截折的长约七八寸的玫瑰树枝。

梅孟离婚案

1924年，郑毓秀结束学业归国，当时中国禁止女性从事律师行业，在上海复杂的法治环境中，一个律师想要在上海滩立足，首先要在律师界声名远扬。然而，对于郑毓秀来说，还有一个更加难以逾越的鸿沟，就是作为女性能否跻身律师界。律师这种新生行当，自上海开埠长期以来一直为男性垄断。

1912 年 9 月 16 日，民国伊始，北京政府公布施行中国第一个《律师暂行章程》，其中第二条第一款明确规定：充任律师者，必须为"中华民国人民，满 20 岁以上之男子"，这就意味着，新生的律师业被堂而皇之地贴上了男性职业的标签。

申请律师执业是一个非常复杂而繁琐的过程。作为中国第一个女律师的执业执照申请，需由当时上海市政府辗转送到北京政府，这给当时的北洋政府司法部出了一个难题，因为没有先例，一时无法决断是否应该允许一个女性介入司法界。

郑毓秀因为一直等不到北京政府的批复，于是开始仔细研究上海本土的司法制度，发现女性虽然不能在国际混合法庭和中国法庭出任律师，但作为一名取得法国律师执照的中国人，她可以在法租界的法庭出现。这时对于她来说，北京政府的批复什么时候到已经不那么重要了。

郑毓秀和魏道明一起，为此事专门拜访了当时驻中国的法国领事 Naggiara（他此后成为法国驻中国的大使），郑毓秀用流利的法语向领事申请律师执业执照，法国领事当即同意郑毓秀联合律师事务所可以在法租界开业，并爽快地答应了出席开业典礼的邀请。

1926 年春天，郑毓秀与魏道明终于取得法国领事馆的同意，在法租界开办了"魏郑联合律师事务所"，郑毓秀自此成为法租界里第一位且唯一的中国女律师，成为中国第一位女律师。当时报纸称赞她为："中国第一个而且也是唯一之女律师……故不唯是中国妇女界之新纪元，而亦为法租界之新纪元。"

第二年，1927 年的 7 月，南京政府颁布新的律师章程，对于律师资格，增加了新的内容，其中，第二条规定：律师应具备左列各条件："（一）中华民国之人民满二十岁以上者；（二）依律师考试令考试及格，或依本章程有免试之资格者。"取消了对女性执业律师的限制。

郑毓秀和魏道明是中国第一批准许在法租界创办律师事务所的律师，在一段时间内，独此一家，别无分店。因而两人的律师事务所包办了所有法租界的大案子。两人从此声名鹊起，郑魏两大律师成为上海上流社会的热点人物，高朋满座。就连上海滩的"流氓大亨"黄金荣、张啸林、杜月笙，也以结交郑魏二人为荣。

1931年3月的一天，杜月笙亲自来到郑毓秀的办公室，委托她打一场离婚官司，并当场给了郑毓秀一大笔酬金。究竟是什么人的离婚案会让杜月笙亲自出马。

1925年，杜月笙受结拜兄弟黄金荣的委托，前往北京寻找黄金荣昔日的情人露兰春，临走前，黄金荣特地交代，上海滩著名京剧老生孟鸿群的女儿孟小冬在北京已经是个名角了，可以找她打听露兰春的下落。

到北京后，杜月笙四处打探不见露兰春踪影，便去找孟小冬。两人第一次见面，杜月笙就对才貌双全的孟小冬暗生情愫。然而当时孟小冬心里已另有其人。

1925年孟小冬离开上海初闯北京，这一年，她与梅兰芳相识。一个是如日中天的伶界大王，一个是光彩照人的须生翘楚，两人名号可谓旗鼓相当。本是梨园同行，自然惺惺相惜；在不断的合作中二人互生爱慕之情。

当时，梅兰芳家中已经有两房妻子，分别是原配王明华和续娶的福芝芳。要是做妾，以孟小冬之心高气傲断然是难

　　孟小冬与梅兰芳，一个是须生之皇，一个是旦角之王，两人当年合演《游龙戏凤》，王皇同场，珠联璧合，赢得了满堂彩。

以接受的，于是媒人解释说，王明华重病在医院，实际上只有一房夫人，而孟小冬过去也是两头大，不算偏房。

1927年正月，梅兰芳终于得到孟小冬的首肯，抱得美人归，两人正式结婚。戏里戏外的爱情故事一时传遍大街小巷，成为人们茶余饭后的谈资。

夫妻对拜后，福芝芳却不让孟小冬进门，并以正妻的身份拒绝承认孟小冬。因福芝芳的阻挠，梅兰芳无奈只得与孟小冬在外面找了一处四合院居住，起名为"缀玉轩"。他们在"缀玉轩"有过一段快乐的日子，一起谈论戏文，说古道今。然而这样快乐的日子却很快遇到了挫折。

几个月之后，一名男子悄悄来到梅兰芳的住所，碰巧梅兰芳正在午休，代替梅兰芳出来的人是他的老友张汉举。男子见出来应门的人不是梅兰芳，迅速拔出手枪抵住张汉举。梅兰芳听到响声也迅速从屋中跑了出来。

这名男子说自己是孟小冬的未婚夫，来问梅兰芳要五万元的分手费。梅兰芳眼看着他拿枪指着张汉举，遂马上给银行打电话拿钱，很快钱就凑齐了。梅兰芳将从银行取来的5万块拿给男子，男子刚想转身离开，却不小心瞟到门口附近埋伏的大量荷枪实弹的军警，霎时手指一紧，张汉举应声倒地，门外的军警立即乱枪齐发，男子当即被击中身亡。

这名男子叫王惟琛，是京城的一个纨绔子弟，他一直暗恋孟小冬，得知孟小冬被梅兰芳捷足先登，便携枪支来到梅宅，想绑架梅兰芳，结果阴差阳错杀了张汉举。

一时谣言四起，孟小冬与追星的王惟琛有染的传闻不胫而走，梅兰芳的票友及家人为保护梅兰芳安全起见，以不再使其遭杀身之祸为由，纷纷劝梅兰芳回到福芝芳身旁，竭力拆散这段姻缘。昔日令人羡慕的鸳鸯眷侣，终究没能抵挡住流言蜚语。梅兰芳此后也开始逐渐冷落孟小冬。

此时，孟小冬有苦难言，毕竟夫妻一场，她觉得梅兰芳冷落她只是受人影响，总有一天会回心转意。但是后来发生的一件事让孟小冬如梦方醒。

1930 年，梅兰芳的嗣母去世，孟小冬想要为婆婆披麻戴孝。她身穿素衣头戴白花，奔丧来到梅宅，却被下人拦在了门外，称梅夫人福芝芳不承认她有戴孝的资格。

这个时候怀有身孕的福芝芳更是扬言，若是孟小冬进门，她立即悬梁自尽，连同腹内的胎儿一尸两命。

在梅兰芳的再三央求下，众人合力劝走孟小冬，才勉强平息了这场风波。而此时的孟小冬终于认清了自己在梅兰芳眼中的地位与身份。

这件事情最后成为梅兰芳和孟小冬分手的导火索，最终孟小冬甩下一句："今后要么不唱戏，再唱戏不会比你差；今后要么不嫁人，再嫁人也绝不会比你差！"随后愤然离去。

1931年，梅兰芳与孟小冬4年的婚姻终于走到尽头，同年，孟小冬在《大公报》第一版连登三日离婚启事："冬当时年岁幼稚，世故不熟，一切皆听介绍人主持。名定兼祧，尽人皆知。是我负人？抑人负我？世间自有公论，不待冬之赘言。"

从才子佳人到劳燕分飞，最终两败俱伤。直到多年以后，孟小冬才真正明白"年岁幼稚，世故不熟"这8个字的血泪之言。启事虽然登了，孟小冬也傲然地离开了梅兰芳，但两人在法律上还是夫妻关系，该怎么解决？这个时候杜月笙出现了。

杜月笙对孟小冬可谓一见钟情，他得知这件事之后，回到上海马不停蹄地找到郑毓秀帮忙打这场离婚官司，郑毓秀听了孟小冬的遭遇，当即决定帮助孟小冬出面调解。

孟小冬也于1931年夏秋之交南下上海，正式聘请郑毓秀为法律顾问，让梅兰芳给个说法。

在郑毓秀的出面调解下，两人最终结束法律上的夫妻关系。以梅兰芳给孟小冬4万元作为赔偿，平息了这场轰动一时的离婚案。

在沉寂了一段日子后，孟小冬将所有的心思给了京戏。拜在梨园大师余叔岩的门下，成为京剧第一女须生。1934年孟小冬复出后，更是一票难求。梅孟离婚案从此成了郑毓秀办过的最知名案件。

梅孟案在社会上引起轩然大波，在此之前，郑毓秀已经办理过无数起离婚案，但让她最难忘的还是当年那第一起离婚案。那时的她急于打赢官司，为女性伸张权益，而正是丈夫魏道明的一番话让她意识到离婚案真正的目的在于，为社会上极少数无法互相容忍的夫妻提供一个合理合法的解决办法。而最好的解决办法是让夫妻能够重归于好，而不是当事人在情急中要求离婚，律师就完全以让她离婚为目的。

当年那起离婚案的结局就是，在郑毓秀与魏道明两人争吵完几天之后，年轻妇女再次来到郑毓秀面前时，已经没有了之前的激动，只是询问诉讼的进度，等年轻女子走后，郑毓秀找来她的丈夫，告诉他他的妻子曾来过，为了和他离婚，而男人慌忙解释妻子心中疑点的态度，让郑毓秀明白，年轻女子误解了自己的丈夫。后来经过调解，最终这对夫妻重归于好。

这件事情让郑毓秀明白，要想拯救中国妇女于水深火热之中，只帮妇女打官司是远远不够的，要从根本上解放妇女的思想。

官司屡战屡胜，郑魏联合律师事务所在上海滩名声日隆。办案法官也对郑魏俩博士敬仰不已，上海小报有"博士电话到，推事吓一跳"的传说，一时间律师事务所门庭若市，应接不暇。营业收入在上海滩独占鳌头。

中国女权运动先驱

在法律实践中，郑毓秀处在新旧时代交替、中西观念夹杂的时期，面对两性问题，她主张兼顾当事人的急务与长久幸福，借此挽回了七成客户的婚姻与家庭。打离婚官司的这些经验对她之后在国民政府的第一届立法委员任内，参与起草《民法》草案，致力争取男女平权，产生了相当大的影响。

郑毓秀在当时的许多妇女当中，已经成为一个救世主的形象。但是由于她专门打离婚官司，引起了很多文人，尤其是男性文人的不满，比如胡适对郑毓秀的评价就是"这般女人太不爱惜脸面"。

郑毓秀办理多年的离婚官司后发现，离婚虽易，但社会对离婚女性的态度和法制体系的不完善，尤其是经济上不独立才是中国女性地位低下的源头，于是她积极投身女权运动。

1927年，国民政府接管上海，由于郑毓秀在上海民众中的影响，她先后被推举为江苏省政务委员会委员、上海地方审判厅厅长。当郑毓秀再次被要求出任上海地方审判厅厅长时，她犹豫了。如果她接受官方的委任，将失去律师的工作，这个让她曾经多年付出心血的职业，是她恋恋不舍的。

郑毓秀出于对律师职业的热爱，拒绝了这份邀请，但政府认为这个职位非她莫属，坚持要她戴这顶乌纱帽。

这时，时任民国政府司法部长的王宠惠亲自登门拜访郑毓秀，作为多年的好友、师长，他来规劝郑毓秀接受这份委任。这位中国近现代法学的奠基人认为郑毓秀对于法律的理解过于狭隘，他问郑毓秀："难道你为妇女争权益打官司就可以解决中国妇女的问题吗？"

这句话一时让郑毓秀语噎，王宠惠接着微笑着说："司法界可是妇女没有进入的最后一块禁地，现在仍有许多人认为妇女不可以在那一个男性世界里指手画脚！莫非你也认为妇女无法胜任这份工作？"

王宠惠这句话一语中的，打中了郑毓秀的七寸。郑毓秀反问王宠惠："难道你也认为我是没能力，没勇气吗？""好吧！就让我做第一个女法官吧！"郑毓秀在王宠惠的劝告下，接受了这份委任。

不久，郑毓秀正式出任上海地方审判厅厅长，这意味着她必须放弃她的律师事务所，第二年，在郑毓秀的竭力推荐下，魏道明到南京国民政府接替王宠惠出任行政司法部部长。

二人同时进入官场，"魏郑联合律师事务所"在充满惋惜中关闭。两人作为律师的合作到此为止，律师事务所关门的第二天，魏道明正式向郑毓秀求婚。

几年的合作两人难免日久生情，在情感上郑毓秀很依赖魏道明，但二人真正走入婚姻，对郑毓秀来说有些犹豫，主要是她比魏道明年长9岁，年龄上的距离，对于郑毓秀来说无法一步跨越。

这使她想起了令她敬仰的一位女性——宋庆龄，于是郑毓秀将自己的心理矛盾写信倾诉给宋庆龄。宋庆龄在来信中说："我很高兴并希望看见你可以和魏道明先生成为终身伴侣，因为你们有如此多的共同兴趣，可以做一对理想夫妇。"

宋庆龄充满鼓励和祝福的来信，打消了郑毓秀心中的疑虑，终于她接受了魏道明虔诚的求婚。1927年8月，魏道明和郑毓秀在杭州举行了婚礼。

新婚后，两人住进了上海马思南路"范园"别墅。富丽堂皇的"范园"占地四亩，不久就成为上海上流社会的社交中心，在这里，郑毓秀度过了她人生中最为辉煌的时刻。

让郑毓秀没有想到的是，作为风风光光的上海地方法院审判庭与审查庭两厅厅长，她上任不久就被革职，原因是部属舞弊失察。

　　范园最早的住户，个个都是上海滩金融界、实业界以及律师名医等上流社会中叱咤风云的人物，中孚银行创始人孙仲立、"中华民国宪法之父"张君劢、"中国现代银行之父"张公权以及其妹张幼仪都在此居住过。

1927 年底，郑毓秀又被任命为上海临时法院院长，这一次她没有赴任。而是当了"上海法政大学"校长。"上海法政大学"创办于 1924 年，旨在培植革命建设的法政人才。第一任董事长是孙中山，王宠惠、张知本、孔祥熙、徐谦等 11 人为校董。

先后出任院长的有徐谦、沈仪彬、张知本、章士钊、张道平等。学制为本科、专科及专修科三种。设有法律、政治、社会等科目。最初校舍是租赁的民房，郑毓秀接任后，着手制定适应时代需求的教学方案，力主司法业务理论与实际相结合。

1928 年 8 月，郑毓秀遵照国民政府所定教育学制重新改组校会，她将校名改为"私立上海法政学院"，共有学生 800 多人，作为校长的她给学校带来了黄金时代。

在郑毓秀任校长期间，上海世界书局出版了她所著的《中国比较宪法论》。

《中国比较宪法论》原本是她在法国巴黎大学用法语写的博士论文，经他人译成中文。郑毓秀在序言中这样写：

"道自言中国宪法至今未定，本书以己成之宪法与欧美各国之宪法作比较之研究，故定名为《中国比较宪法论》此不侫在巴黎之旧作也，曾提出于巴大法科，为应试博士之论文。自去岁倦游归国行装甫卸，即任律务。友有促余著为国文，以饷国人者，漫应而未果，且所根据伪宪，国人久以陈物视之，则此书实无编成国文之必要矣。抑又未必也，夫民国扰攘以来，十六年矣，近来政治方面，已渐开展，将来国是定后，不论其政治之趋向如何，仍当厘定宪法，可以断言，且此书之作，全采法学上之比较研究法，虽浅鄙不足道，或可冀国中学人一顾乎！疏陋之处愿高明教之。"

在后记中她称这本书"适为孙中山先生逝世二周年纪念"。

在《中国比较宪法论》中，郑毓秀论述了宪法在中国最初的雏形以及产生的过程，宪法制定、修正、宪法与普通法律之关系以及宪法的内容，采用法学的比较研究法，以欧美法律做参照进行分析。

还包括中央政府与省政府权限之划分的法理，以及产生宪法的众议院、参议院之组织会议的结构，郑毓秀在法国留学的收获成为了这本书的精髓。

对于自己的这本书，郑毓秀这样结论：

"中华民国成立十余年来，屡遭革命君主复辟之趋势，两度复话而未成，第一次为袁世凯帝制自为之君主运动，第二次为张拥护宣统复辟一刹那同之政变，中华民国所遭之变故与法兰西共和国所经过者可以并论。"

深谙欧美法律的郑毓秀，针对中华民国连续两次宪法的变故，郑毓秀一针见血地指出："吾国宪法属于刚性，盖修正宪法须经特别手续，非可以普通立法相提并论也，中国对此亦仅追随各国法之成规。"

对此她在书中提出两点建议：

"其一，修正宪法之手续根据法国制度，即两院合集会议是也，但法庭人数与表决人数较法国其采取者又严，此为法国制度，与其他各国采用复决权或地方团体公决制度，关于宪法修正之折中办法也。

其二，中国客法本原则，而其细则由普通手续续订举法由普通立法规定之，宪法仅公布其大纲，此尤为善制，吾人固就力之所能，务使关系宪法之困难，减少至最低限度者也。"

当宪法与其他法律发生冲突时，其他国家是如何处理的？郑毓秀在书中介绍了美国的司法经验：

"美合众国普通法院宣称违宪之法律，即不能使行，但不能因此取消；在捷克斯拉夫及奥国，宪法最高之原则尤甚，与宪法相反之法律，非特不能施行，且应视为完全无效；或由行政权取消之，关于法律之宪法性，其手续另设特法庭解决之，吾国宪法效犟捷克斯拉夫及奥国宪法最高之理论，但关于此类之争执，并不另设特别法庭，如是，普通法庭之责任得无过巨乎？无论如何，中国司法检查之制度，实为冒险之举。"

《中国比较宪法论》的出版无疑是中国法制建设高屋建瓴的一个标杆。

1928年8月，国民党政府宣布"军政时期"结束，"训政时期"开始，国民党第二届五中全会决定设立行政、立法、司法、考试、监察五院，逐渐实施。而郑毓秀作为女权运动的领头人，被选入第一届立法委员会，参与修订《中华民国民法典草案》草案，委员会中仅有两名女性，另一位是宋美龄。

作为起草《民法》委员，郑毓秀深知自己承担这份工作的分量，她肩负着四亿中国人的重托，同时作为中国妇女利益的代表，她将在这部《民法》草案中充分体现和维护妇女权利。郑毓秀高举法国大革命人权宣言"生而平等"的旗帜，促使《民法》发生重大变革，具体体现在如下条款中：

一、继承：1. 规定未婚、已婚女子，与男子同享平等的继承权（包括养女地位与养子相同），一改过去宗法社会以宗祧继承，女子无权过问的传统。2. 承认夫妻彼此有继承遗产的权利，也可抛弃继承，意即不必夫债妻还。

二、家庭：1. 未婚成年女子有权签定或废止契约。2. 已婚妇女有权保留自己的姓氏，不冠夫姓。3. 夫妇互负同居义务，互为监护人，并互有代理权；意即男女在家庭地位，也是平等的；使妇女具备家长资格，不再只是"在家从父，出嫁从夫，夫死从子"的"亲而不尊"附属地位。4.允许夫妻财产分开制，唯须以文书契约订定，使妻方保有财产所有权、管理权及使用收益权不若中国古代妇女无独立财产权。

三、婚姻：1.采取自由婚制：婚约的成立与一般契约相同须以男女当事人合意为要件，这迥异于中国以往的聘娶婚制，可以说与传统主婚制有极大的不同，因此父母代定的婚约，事前未经子女同意，事后未经子女追认，虽在《民法·亲属编》颁行以前所订，也属无效。2.年龄：鉴于往昔有所谓的"指腹婚不合现代思潮"，因此明文规定："男未满十七岁，女未满十五岁者，不得订定婚约。结婚年龄则男须满十八岁，女满十六岁。比起以往规定为男须十六岁，女须十四岁，较合于近代立法的折中规定。3.解除婚约的权利：采取男女平权的两愿离婚与呈诉离婚，废除不合理的强制离婚，如传统的"七出"与"义绝"。4.禁止重婚，确保一夫一妻制。5.夫妻的贞操义务绝对平等：夫妻任一方与人通奸，他方除请求离婚外，并得请求法院处以《刑法》第二十三条的通奸罪改旧制夫与人通奸，非经处罚，妻不得请求离异；

反之，妻与人通奸，夫可出妻的规定。6. 夫妇一方受他方虐待不堪同居，可请求离婚；也改变了旧制规定：妻殴夫不问伤害程度，夫得请求离婚；反之，夫殴妻，须至折伤笃疾，妻始可请求离婚。

这部具有划时代的意义的《民法》草案，极大地推进了中华民国的文明进步，在妇女权利上做了很好的诠释和界定这和郑毓秀的努力是密不可分的。民国之初，公共场所禁止男女同坐；女校学生除亲属外，不准会见男宾，甚至规定年满 50 岁的男教师必须蓄须。1913 年，上海曾经发生过因男女同乘一辆黄包车被拘事件。

1914 年 3 月，时任民国总统的袁世凯颁布《褒扬条例》，鼓励、褒扬贞节烈女，如此之条例显然与妇女解放的进步潮流相左。

共和之初，反对妇女解放的声音不绝于耳，认为女子不宜受新教育。甚至坊间流传：男子娶妻"能不以女学生为妙"。1914 年，教育部确定培养"良妻贤母"的女学宗旨，竟然得到社会大多数人的认同。更为荒唐的是，曾有人上书袁世凯，希望将《曾氏女训》作为教科书推广全国。

新文化运动之后，传统的"男外女内"就业观念在这一时期遇到挑战。有人指出，妇女解放的根本在于经济独立，一夫一妻制等新观念也渐渐深入人心。这部民法的伟大之处在于，它使许多理论上的提倡在法律上得到了切实落实。

《民法》草案历时两年完稿，1931 年由国民政府正式颁布。

大使夫人

1942 年，魏道明经宋子文力荐出任驻美大使，魏道明曾经留法，与美国并无渊源，此次破格出任驻美大使，令许多人感到惊讶。

他的前任胡适先生，一向待人殷勤有礼，说得一口流利的英语，所有认识他的人都对他敬爱有加。突然间消息传来说胡博士要离开美国，他的众多粉丝和朋友深感遗憾的同时，关于他的继任人的猜测与谣言也随之而来。

故事的第一个版本：魏道明有拍桌子的习惯，是国民党最激进最粗暴的党员之一，魏道明被描绘成一个鹰派，他之所以被派到华盛顿，是来为中国谋求获得更多的援助。凡是认识魏道明的人都知道魏道明是一个温文儒雅的书生。

第二个版本，魏道明一句英语也不会讲。实际上，曾经在巴黎大学研读法律的魏道明，只是英语说得慢，带有法语口音。

为了帮助魏道明不辱使命，更好地通过语言关，郑毓秀请王宠惠之子王大闳给魏道明辅导英语，当时，哈佛毕业的王大闳暂住大使官邸。王大闳找来王尔德的剧本教他们夫妇朗诵，通过剧本对白，让他们练习对话。

1943年，蒋夫人宋美龄要访问美国的消息公布时，魏道明开始日夜为此筹备，但有一件事让他很头疼。

届时，美国总统和国会将举行酒会欢迎款待宋美龄，作为驻美大使魏道明到时将介绍众多参、众两院议员与宋美龄见面。魏道明必须把每个人介绍给蒋夫人，可是，魏道明认识的议员不过二三十个，郑毓秀找来一本国会议员名册，让魏道明对着照片牢记他们的名字。

酒会当天，魏道明如愿以偿地完成任务，后来宋美龄回国后，逢人便夸魏道明的记忆力好。

罗斯福总统的夫人安娜·埃莉诺·罗斯福称赞郑毓秀不同于历任中国驻美大使夫人具有非凡的政治头脑，继任的杜鲁门总统夫人虽不过问政治，但郑毓秀善于与她唠家常，后来她们结为知交。杜鲁门卸任后，两家交往依然不断。

1945 年，魏道明、郑毓秀从南美到洛杉矶，已经退休的杜鲁门总统派人送花到魏郑夫妇的寓所表示问候。

魏郑夫妇在美期间，有计划地为国家争取美援，对中国的抗战胜利做出了许多贡献。

1946 年，魏道明卸任回国，出任立法院副院长。

后来，回想起在美国的这段日子，魏道明在《使美回忆录》中这样回忆自己的妻子：

"我从事社交活动，我愿在此对我的亡妻（此指郑毓秀女士）所作非凡的贡献加以颂扬。对我说来这是很幸运的，她的个性板端外向，喜欢和人们在一起。她的生活乐趣几乎快要沸腾。她宅心宽厚，不究人之短。她的人生哲学是要别人快乐，人饥己饥，人乐己乐，她有一种战斗精神，不怕任

　　郑毓秀与魏道明不论在生活上还是事业上都互相扶持，互敬互爱，不仅使得他们个人名利双收，更为国家做出了诸多贡献。

何艰险。她做任何事情都是竭力以赴，她知道在战时的华府，为她自己及为中国结交的朋友愈多，愈对中国的前途有利。在事情发展到最盛时，她似乎加倍努力从事各种形式的活动。她做每件事，都付以极大的热心，显然因此从中得到不少乐趣。"

1947年，郑毓秀以高票当选上海市立法委员，得票数仅次于保密局上海站站长王新衡，也是当选的立法委员中唯一的女性。

1948年3月6日，《台湾新生报》曾将当时竞选的盛况刊登在头版，其中有郑毓秀五六幅照片。

1947年4月，魏道明受命接替陈仪担任台湾省主席，郑毓秀也一同前往。在这近两年的时间内，和在美国一样，她将主要精力和心血投入在配合魏道明的公务上。台湾光复后第一所私立复兴幼稚园就是在她主持下重新开园。幼稚园创办人朱秀荣，是上海法政学院的毕业生，也是郑毓秀的学生，1947年朱秀荣离台赴沪，于是园务交给郑毓秀代理。

没有任何征兆，陈诚继任主席的命令来得很忽然，一时间让郑毓秀夫妇手足无措。一向心直口快的郑毓秀对魏道明脱口而出："这是蒋公不信任你。"很显然，虽然郑毓秀与魏道明身居要务，但身为学者的魏道明永远不可能与身为独裁者的蒋介石推心置腹。

离开台湾到上海后，魏道明向时任国民政府行政院副院长的吴铁城第一次流露出离开官场的念头，不久在南京，蒋介石设宴邀请魏道明，席间，蒋提出让他接掌外交部，魏道明表示从此无意接受任何新任务，希望去海外看一看，无奈的蒋介石准许了他的这个要求。

郑毓秀与魏道明在南美巴西大约居住了五六年，这一段经历外人知之甚少，也没有系统的文字佐证。

后来郑毓秀发觉自己身体不适，在魏道明的陪同下赴美就医。1954 年，在洛杉矶医院郑毓秀被确诊患有癌症。为了防止癌细胞扩散，不得已，郑毓秀的左臂被切除。在美国，每次出门，只剩下一只手的郑毓秀随身都带着一个大手提包，里面珍藏着她所有的细软，包括她当年在北京购置的珍贵宝物，这个重达几十斤的大提包。在五十年代，价值就高达 20 万美金。年轻时那个仗义疏财的女侠，晚年却因病对钱财格外看重。

郑毓秀身上拥有许多第一的标签，第一位地方法院女性院长与审检两厅厅长、第一位非官方奉派法国的女性外交特使、第一位女性立法委员、第一位参与起草《民法》的女性。

1959年，饱受病痛折磨的郑毓秀客死美国洛杉矶，享年68岁。

第七章　津门女律师
——纪清漪

抗日爱国名将马占山因何被自己的"父亲"告上法庭？身为纪晓岚的后人，大律师纪清漪有着怎样的成长经历？看似荒唐的案件背后究竟隐藏了怎样的阴谋，纪清漪是如何帮助马占山化解危机的？

突如其来的"父亲"

曾经热播的电视剧《少年讼师纪晓岚》，洋洋洒洒 34 集，把纪晓岚凭空打造成了一个讼师。其实，真正的纪晓岚一天讼师也没做过，倒是他的七世孙纪清漪在十九世纪三四十年代，是名震京津两地的大律师。一起"马父案"让她声名鹊起。

1936 年 7 月 12 日，已经赋闲在家的马占山突然收到一张天津地方法院检察处的传票。原告马荣以"弃亲不养"为由状告马占山，地检处通知马占山第二天到法庭接受调查。

"弃亲不养"的罪名指的就是"忘恩负义，不认亲爹"，一位抗日名将被挂上这么个罪名，消息传开，一时间在整个天津卫热议开来。

马占山，1885 年 11 月 30 日出生于辽宁省怀德县，也就是现在的吉林省公主岭市一个贫苦农民家庭，他从小为地主放马，练就了一身优秀的骑术。

马占山年轻时曾啸聚山林，后被吴俊升收编。1931 年"九一八事变"后，张学良任命马占山为黑龙江省代主席，马占山临危受命，率部与日军血战江桥，江桥打响的这一枪，不仅仅是有指挥、有系统的武装抗日第一枪，如果追溯范围大一点儿，可以说是世界反法西斯战争的第一枪。

1931 年 11 月 4 日，日军在飞机、大炮和装甲车的掩护下，出动 4000 多人，向嫩江铁桥发起进攻，刚刚就任黑龙江省政府代理主席兼军事总指挥不到一个月的马占山，亲自前往前线指挥战斗，在嫩江铁桥率领官兵奋起抵抗意欲进犯齐齐哈尔的日本侵略军。他从 4 日打到 18 日，江桥之战打响了中国军队有组织抗击日本帝国主义侵略者的第一枪，也让马占山名震全国。马占山一时声名远扬，连"马占山"牌香烟也在市场上热销起来。

1932 年 2 月，马占山就任伪黑龙江省省长。同年 4 月，他摆脱日军监视，在黑河举兵反正，揭露了伪满内幕，继续抗日。后遭日本、伪满军队围攻，退入苏联境内，后来又辗转抵达香港。

马占山回国后，曾先后与蒋介石见面三次，提出请缨抗日的要求。但蒋介石对马占山的抗日请求没有表态，只是敷

　　马占山领导的江桥之战打响了中国人民抵抗日本侵略的第一枪，他坚持武装抗日，是受人敬仰的抗日英雄将领。在解放战争时期，马占山也为和平解决北平问题奔走，做出重要贡献。

衍着给了一个国民党军事委员会委员的虚职，于是马占山赋闲在天津。寓居在英租界 46 号路 37 号宅院内，就是今天的湖南路 11 号。

湖南路 11 号其实并不是马占山的故居，他只是这里的租客。马占山一直有"还我河山"的理想，想打回东北老家去，所以没打算在天津长住。另外，就是比起那时候住在小洋楼里的那些达官显贵，并不十分富有的马占山，租赁的是一个三层小楼。

1935 年 7 月 28 日傍晚，一位不速之客来到马家，来人自称马荣，是马占山的亲生父亲，寻子近一年，终于找到这里。侍卫马上通报马占山。马占山听后大为惊诧，自己的父亲病故多年，今天忽然又冒出一位，他觉得其中必有蹊跷，于是让秘书杜荀若、警卫杜海山将来人带入客厅，自己则在侧房观察究竟。

来人六七十岁的样子，衣衫褴褛，两眼左顾右盼，他说自己是河北丰润县人，马占山是他大儿子，乳名老虎，从光绪二十一年（1895）失散到今天，已经四十多年了。深知马占山家世的秘书杜荀若，告诉来人："马将军的父亲已在东北去世多年，坟墓尚在，他绝非你丢失的儿子，是你弄错了。"
但马荣执意不肯离去，死活要见马占山本人，万般无奈的马占山终于忍不住走出侧房。马占山说："不错，我的祖籍是河北丰润，但是我们家迁居关外已达九代了。我本人出生奉天省，您的儿子出生在河北，显然是您弄错了！"马荣见到马占山，上下反复端详，最后确定马占山的个头、身材、模样都不像他们马家人。于是马荣离开了马家。

不料，10天后，马荣再次登门，这一次他一口咬定马占山就是他的儿子，并破口大骂马占山"忘恩负义、不仁不孝、弃亲不养、灭绝人性、天理不容"。一下子引来许多看热闹的人群，大家议论纷纷。

马占山收到天津地方法院检察处的一纸传票，马荣以"弃亲不养"状告马占山，同时，检察处以"按照遗弃尊亲属罪"提起公诉。面对着突如其来的官司，马占山跑遍了整个天津城。结果天津的很多律师都认为这不是一般的民事案件，背景复杂，没人敢接这宗官司，即使有人敢接要价也非常高。此时马占山只剩一个国民党军事委员会委员的虚职，手上并无实权。

马占山派秘书杜荀若专程去北平邀请律师纪清漪前来

相助。

马占山的秘书杜荀若到北平找到纪清漪，详细介绍了事情的经过和马占山在天津的境遇。纪清漪也意识到这既不是一般的民事诉讼，也不是普通的刑事遗弃案件。在北平的友人提醒纪清漪，这里面一定大有文章。但是纪清漪还是爽快地答应马占山的请求，并愿意义务为这位抗日英雄辩护。

纪清漪和《田中奏折》

纪清漪，1904 年生于河北献县，是清代著名学者纪晓岚的七世孙女儿。1925 年，纪清漪考入北京大学政治学系。1931 年，纪清漪从北京大学毕业，同年取得律师证书。1933 年加入北平律师公会，成为第一位在北平执业的女律师。

她出生在河北的献县，但之后就随家人定居东北。从小目睹了日俄帝国主义在中国东北的侵略行为，使她很早就产生了爱国的意识。这一点在北大读书的时候就体现出来了。

1929 年，国民政府立法委员吴铁城视察东北，大发感慨"真是不到东北不知中国之大，不到东北不知中国之富，不到东北不知中国之危"。恰好北京大学在学生中举行演讲比赛，纪清漪参加了演讲比赛。纪清漪在演讲中痛斥吴铁城："身为国家股肱之臣，竟不知中国有多大、多富、多危吗？"演讲得到听众狂热的掌声，并因此获得演讲比赛的冠军，演讲稿还刊登在北平《晨报》上。

1929 年在北大读书期间，纪清漪在北大主编《新东北》半月刊，同时是《华北日报》的副刊成员。一天傍晚，她到《华北日报》总编安怀音家里送稿子，安怀音正在聚精会神地看一个文件，看到纪清漪，安怀音指着文件对她说："多么令人气愤，这是日本要征服中国的计划。你是研究东北问题的，应该看看。"

纪清漪接过文件，向安怀音提出要求，请求要拿回学校细致研读。安怀音同意了她的要求，并再三叮嘱她说："这是密件，不能给第三个人看，明早 7 点前要准时送回。"

纪清漪立即赶回位于沙滩的学校，找到几位同学用纸连夜抄写下来，随后自费将抄件送到和平门里新华印刷厂印了5000 份，寄往全国各机关、团体、图书馆、学校。

第二天，纪清漪就将这份日本帝国主义侵华的政策纲领，即"田中奏折"公之于世。这不仅在国内引起轩然大波，也轰动了全世界。各国报纸纷纷刊载这一消息，揭露日本军国主义妄图侵占全世界的阴谋，美苏等情报机构甚至想出大价钱获得原件。

《田中奏折》是日本首相田中义一呈送给日本天皇的一份机密文件，是日本首相提出对华"二十一条"的继续。这个计划的第一步是在中国东北建立"满洲国"；第二步就是要

日本第 26 任首相——田中义一

勾结中国腐败的政客官僚，成立各种形式的自治政府；第三步是逐步向中国内地推进，直至占领全中国。

在小册子的扉页上纪清漪写了这样几句话：

"首先我要向借给我《田中奏折》的人表示歉意，我违背了诺言；但关系到中国存亡的大事，我只能失信于朋友，不能对不起国家。读者啊！如果你的心还在跳，如果你的血还在流，你就应该把这个小册子，一字一句地读完。你应该想一想：你作为一个中国人，你有什么责任？你应该做些什么事情？！"

就这样，纪清漪冒着极大的风险把《田中奏折》用这种方式给报道了出去

将《田中奏折》公之于众，是需要很大勇气的，这件事引起极其强烈的社会反响，极大地推动了全民族抗日救国运动。后来，沈钧儒先生称誉纪清漪这一爱国举动为"一件惊天动地的大事儿"。

纪清漪在北平做律师的同时，还兼任北平市女二中的训育主任，创办新声女子职业传习所，为女子谋求经济独立奔

走呼号。因为在承办案子过程中她发现，即使她在法庭能为女性赢得胜利，但官司结束当事人也就陷入生活困顿。因此她呼吁女子经济独立才是独立人格健全的基础和保障。《世界日报》记者介绍她"有异常魄力""有人类最勇敢的性情，所以能代表无能力的妇女来打抱不平"。

隐藏的阴谋

20 世纪 30 年代的天津城，日本特务活动十分猖獗。1931 年，"九一八事件"爆发，马占山领导江桥抗战，日军死伤惨重。所以，日本人早就把马占山视为眼中钉、肉中刺，必欲除掉而后快。

由于马占山积极主张抗日，日本特务得知马占山到天津的消息后，便开始实施暗杀计划，在土肥原贤二为首的日本特务主持下，川岛芳子和绰号"死神"的团伊玖成立了由七男一女参加的暗杀小组，他们租用距马占山寓所仅两米多的燕安里 1 号楼，于这一年的农历腊月三十，利用中国人过春节的机会，深夜潜入马宅实施暗杀。幸而被家人事先察觉，才令马占山免遭毒手。

日本特务准备用手榴炸弹和打黑枪的方式暗杀马占山。时任河北省主席的于学忠是马占山的好友，他把保卫工作做得很周密，才几次化险为夷。

日本特务眼看着谋杀无一得逞，于是又把黑手伸向马占山的家人。后来，日本人又在1934年绑架了马占山的儿子马奎，开价150万元赎人。马奎虽是马占山的长子，但马占山明确表示，不会拿出一分钱给日本人，并且在《大公报》《益世报》上刊登声明，与马奎脱离父子关系。后来，马奎被马占山的侍卫杜海山营救脱险。接连几次手段都没有得逞，日本特务再次变换了招数。

因为被日本人监视，所以马占山几乎闭门不出，社交活动也因此中断，但是麻烦依然找上门来。

就在儿子脱险后不久，发生了马荣这件让马占山哭笑不得的闹剧。

就这样，面对马荣的不断无理纠缠，马占山勃然大怒不予理睬，身边士官也说此人绝非善良之辈，给他些钱事小，

马占山天津旧居

若他拿钱后乘机渲染，反倒授人以口实。为避免纠缠，马占山及家人索性置之不理，以为此事会不了了之。

纪清漪在得知案件经过之后，回复说："要想打赢官司首先要搞清这位马荣到底是什么身份，他为何一定要认马占山做儿子。"

当时传媒界对此事纷纷扬扬进行披露，其中多是臆测射影。马荣天天跑到马宅高声叫骂，说他"忘恩负义，不认亲爹"。一时间，46 号路再无宁日，马占山声誉大受损害。

纪清漪清楚，马占山如今已是四面楚歌，这场官司不只是一场普通的民告官，其中包含着复杂而微妙的政治因素。

马占山住在天津时，他只是一位失意将军，法院一反常态，不顾他一再要求私下调解的愿望。公开开庭，这貌似公正的行为，其实很耐人寻味。

纪清漪到天津之后，根据马占山提供的情况，决定以攻代守，以"妨害名誉及侮辱"等罪名向法院反诉马荣。

对于马占山而言，这场官司已无可避免，作为辩护律师，纪清漪本身也冒了很大风险。

1936 年秋天，天津市法院公开审理此案。公堂之上，原告被告针锋相对，马荣一口咬定马占山是他的亲生骨肉，生于光绪十年腊月初八。因当时家贫，便把乳名老虎的大儿子马占山交给姨妈抚养，后被姨夫贩卖。历经多年寻觅，耗尽全部家产，才意外得知他在天津的住处。纪清漪看到先前穿着破烂的那个"亲生父亲"长袍马褂，身边还有律师，一副志在必得的样子。

马荣每次出庭，戏都做得特别足，声泪俱下，一副痛心疾首的样子，将自己打造成一个被儿子抛弃的老人，让旁听者无不为之动容。

此案审理期间，天津城各大报纸媒体争相报道，街头巷尾，议论纷纷。马占山也被不明真相的大众指责为弃亲不养的道德沦丧之徒。

面对马荣这样的无理纠缠，原告律师纪清漪反驳说：马荣系一无业游民，住址、社会关系一概说不清楚，硬说马占山是他儿子，一无切实证据，二口述也前后矛盾。

纪清漪在法庭上指出被告所述遗失之子各项特点均与马占山不相吻合。根据民国二十年出版的《国闻周报》时人杂志所刊登的原告生平介绍，马占山生于 1885 年 11 月 30 日，并出示了详细史料记载的证据。

"马父案"在当时产生了强烈的社会影响，这是当年刊登"马父案"进展的报纸。

纪清漪当时指出的这一点一目了然，她还传讯了大批的证人，他们或者是马占山多年的部下，或者是一些世交故人。

大多数证言已证实原告马占山之父马纯于1917年亡故，葬于怀德县炭窑村。有证人张殿元等亲身参加葬礼，因此被告所述与原告之关系纯属捏造。

纪清漪接着指出，被告冒认、讹诈行为遭到理所当然的拒绝后，仍多次上门取闹，毁人名誉，利用中外报界制造舆论压力，种种行为已对原告造成名誉伤害。根据当时刑法第

309 条及第 310 条起诉，应予侮辱罪依法论处。

纪清漪善于抓住案件的关键点，她知道马占山已不被当局重视，所以必须要用充分的法律证据来取胜。

马荣及其律师面对纪清漪提出的众多证据，一时乱了马脚，此时他们突然打出一张底牌，马荣称所失之子马占山耳朵上有个"拴马桩"。要求法庭请当事人务必前来当场验证。"拴马桩"是民间俗语，指在正常耳朵前的突起结构，医学上称为"副耳"或者"耳赘"。民间流传"拴马桩"耳，是所谓"官运亨通"的"旺相"。

在法庭上，马荣放出豪言，用手抹着脖子比画道："马占山耳上若没有拴马桩，我就以死抵罪。"这个是马荣之前从没有提到过的证据。

马荣的律师当庭还补充说："也可能动手术割掉了，要求原告必须亲自到庭，由被告会同法医当庭检验。"法官同意了被告的请求。由于马占山的特殊身份，公然露面将危及他的生命安全，而马荣却一定要马占山出庭，其目的何在，纪清漪心里十分清楚。

就在马荣提出这个要求之后，纪清漪冷静地发问："被告所述的'拴马桩'，是在他的哪只耳朵？"

马荣面对纪清漪的反问，当场就有些紧张。

马荣犹豫之后吞吞吐吐地回答说拴马桩在左耳。

当时纪清漪对被告提出的证据并没有马上反驳，而是指出另一方面的担忧。因为日本势力在天津不可轻视，且鱼龙混杂，如果马占山公开露面于大庭广众之下，很可能遭到不测，纪清漪也一再请求不公开检验。

马占山不同于一般的普通百姓，他从国外回来之后，失意于政坛军界，自身安全得不到任何保障，日本间谍早就时时盯着他，处处欲置他于死地。

在那个战火纷飞的年代，"有枪就是草头王"是颠覆不破的真理。在诸多实力派军人当中，马占山没有因为保存实力而选择退避，在和日本人拼光了自己所有家底之后，属于他的年代，其实已经过去了。

马荣及其辩护律师提出要原告本人马占山必须到庭，以利辨认。纪清漪立即向法庭提出要求：法庭如果能保证原告的人身安全，马占山一定出庭。

法官最后决定检验改在马占山的家中进行。一周后，天津市法院刑庭庭长、书记官、检察院检察长、天津市法院法医、天津市总医院外科主治医生 5 人前往马宅，一些报社记者也随同前往。

检验当天，马占山的家里就来了好多人，有穿白大褂的医生，有法庭的工作人员，还有记者。

由于马荣的无理取闹，马占山在英租界 46 号的住所已尽人皆知，马家不得已迁往了另一处住宅。在这里众人轮流对马占山的两耳前后都做了详细检查，随行记者也都照相存证。因为此案轰动全国，他们也想知道，这位抗日英雄是否真的遗弃了他的亲生父亲。

据马占山孙女马志清回忆：

"当时，我就在三楼平台上玩儿，忽然间看见有很多人来，有穿白大褂的，是总医院外科手术大夫，还有法院的审判员，还有律师和好多记者。"

当天在马占山寓所，检验人员对马占山的两耳前后都做了详细检验并照了相，但并未通知原告马荣和他的律师到场。

对于这段经历，马志清清晰地记得当年的很多细节：

我就看见有三个人在楼下照相，有纪清漪，有我祖父，还有大公报的记者。后来晚上我就到祖父屋里去了，到他身后，我祖父说："你干什么？"我说："我看看你的拴马桩"，祖父说："嗯，好，看吧！"他就蹲下了，蹲下就让我摸。他说："有什么啊"，我说："什么也没有啊，看不见啊，什么也看不见。"我祖父他就笑了，他说："你这傻孩子，我根本就没有，你上哪儿找去啊。"

法庭再次开庭时，审判长给被告和他的律师看了一张放大一尺的马占山两耳的照片，马荣立马脸色煞白。

当时照片很清楚，马占山双耳既无"拴马桩"也无动过手术的任何痕迹。

至此，一起轰动全国的弃亲不养案终于真相大白，纪清漪在法庭上大获全胜。法庭据马占山的诉讼请求，随即做出判决：马荣因"侮辱罪及毁人名誉罪"被判拘禁 6 个月。

纪清漪通过有理有据的辩护，巧妙地将马荣由开始的原告被变成了被告，她在法庭上为马占山与被告针锋相对、慷慨陈词，名声一下子在天津城传开。

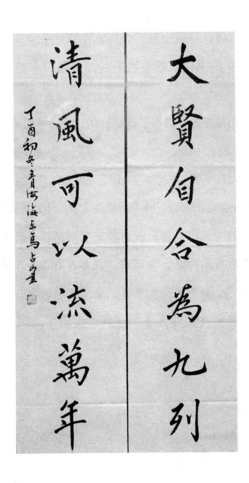

大賢自合為九列
清風可以流萬年

丁酉初冬青海海東馬占山書

马占山书法

6 个月后，马荣出狱。据日本作家立华丈平所著《东方拿破仑》一书中披露，这一场闹剧是日本特务一手策划的。

马占山虽然最终赢得了这场官司，却已被舆论传闻吵得焦头烂额，痛苦不堪。

当时有人评论，假若马占山还是黑龙江省代主席，像马荣这样的社会之流怎么可能有胆量在太岁头上动土呢？

当日的《天津日报》就刊登文章写道：今既失意于军界，复不为当局所喜，真可谓"虎落平阳"，只得借助于"法律保护"。如一般平民百姓，受此无赖欺辱，则更是状告无门，只能忍气吞声耳。这席话道出了民国司法界的实质。

纪氏家训

在马占山案件的审理过程中，纪清漪在法庭上的出色表现，客观上也使律师这一群体逐渐在京津地区产生影响，在性别方面，京津律师群体与全国各地律师群体一样仍然是以男性为主，执业女律师可谓是凤毛麟角。

1912年9月，《律师暂行章程》赋予了律师法定地位，但最初女子并没有做律师的权利。1927年7月，南京国民政府司法部公布《律师章程》，对律师的资格、义务、责任和权利都做了明确的规定和划分，标志着律师制度的完善。关于律师资格，废除了对女子从事律师职业的限制，不再以过去性别作为分界，女律师的合法地位得以确立。到了30年代，才逐渐有个别女律师活跃于天津。

办完此案后，纪清漪返回北平，她的名声在天津、北平两地传开，成为当时炙手可热的大律师。

1936年11月，上海救国会的爱国领袖沈钧儒、章乃器、邹韬奋、李公朴、沙千里、史良、王造时被国民党当局非法逮捕入狱。纪清漪作为律师之一参加到营救"七君子"的工作中，她亲自起草了营救"七君子"的通电稿。随后，纪清漪又发动"新东北促进会"等组织向蒋介石发出了要求释放"七君子"的通电。并努力发动群众，到各大学进行爱国救亡演讲活动，为营救七君子做了大量工作。

由于纪清漪参与积极营救七君子的运动中，公然与国民党唱对台戏，国民党将她列入黑名单中。

1937 年 6 月，国民政府江苏高等法院对"七君子"案进行审理。

有一次，她在中国大学校园的操场上讲演，发动群众，呼吁"停止内战，一致抗日"，还要求立即释放"七君子"。但是这个时候国民党的特务已经盯上了她，但是她仍然在那里情绪昂扬地演讲，直到警察已经开始抓人，几个进步学生马上把她拖上了一辆人力车，才使她最终逃过了国民党的追捕。

1946 年，纪清漪当选为国大代表和立法委员。中华人民共和国成立后，她致力于中国的司法建设。十一届三中全会后，她参与了《法学词典》编委会的工作，中国法学会成立后，纪清漪当选为第一届理事。

纪清漪出身名门，作为纪晓岚的后人，受家庭熏陶，她一直谨记纪氏家训。

纪氏家规家训主要来源于纪晓岚留下的文章警句以及器物铭文，他在随身使用和收藏的器物上镌刻了很多有哲理的短句，在一把常用的木尺上纪晓岚刻下四个字："守正规直"

　　纪晓岚故居位于北京市珠市口大街，原为雍正时期兵部尚书岳钟琪的住宅，后由纪晓岚所得，他的《阅微草堂笔记》被鲁讯赞为"雍容淡雅，天趣盎然"，也为这所老宅带来新的名望与荣耀。

并以此警诫自己、教育后人。

纪氏家训是纪晓岚为教育后人留下的精神财富。里面包含的内容丰富，纪清漪一直谨遵而行。

1998年1月11日一代法学大家纪清漪在北京逝世，享年94岁。

第八章　侠义女君子
——史良

　　2009 年 3 月 30 日下午，中国民盟上海市委员会为史良诞辰 110 周年举行了座谈会。本次座谈会力图还原一个形象丰满真实的史良。座谈会期间，一个参会的年轻女性满脸疑惑地问周围的人"史良是谁"？

史良是谁

1945 年，上海滩地皮大王周纯卿因心脏病在家中突然死亡，时年 65 岁，膝下两个儿子四个女儿，但是，周纯卿生前没有留下任何的书面遗嘱。

周纯卿身前被人津津乐道的是曾经拥有中国第一个轿车车牌。

中国第一块车牌被一名上海滩的丹麦籍医生拍走。他回国前，连同汽车和牌照一起卖给了周纯卿。

关于这件事，有一个江湖传说，周纯卿的中国"001"号私家车牌，让同为地产巨头的犹太人哈同十分眼红，于是，哈同想从他手里买下这块车牌，但被周纯卿一口拒绝。随后，哈同放出狠话，只要周纯卿这辆车出现在马路上，他就会派人砸烂它。万般无奈的周纯卿只好将车子与车牌一同锁在家中，这块本应奔跑的中国的"001"车牌束之高阁，不见了天日。

这辆汽车的最后一次出现，是在 1945 年周纯卿的葬礼上。上面放着周纯卿的遗像的汽车，缓缓地开过上海的街头。从此便消失在人们的视野之中。

周纯卿几乎所有的资产都用来投资房产，他和他哥哥的花园遍布上海各地。有关周氏家族的新闻，也经常登报，吊足了上海人的胃口。

周家房地产业恰恰都在公共租界里，所以天时地利占尽。到了抗战后期已拥有了 8000 万家产。

周纯卿在南京西路 806 号的这幢住宅，当年是仿造香港浅水湾的一幢洋房而建。他在这里建楼的目的，是为了方便看跑马，当时上海的跑马厅就在隔壁。花园内小桥流水、假山遍布，停车场可停放一二十辆轿车。解放初期，时任上海市长的陈毅就是在这里会见上海工商界人士的。

周纯卿在家中突然死亡，由于没有留下遗嘱，他身后街谈巷议最多的是巨大的遗产谁来继承？

因为家产众多，一时难以清理分割，这时家人就想到了同在法租界办案的大律师史良。

在上海档案馆保存的上海律师公会档案中，有史良当年的 26 卷文件。主要是 1946 年到 1949 年之间的卷宗。在她承办的 72 件案子中，大部分是民事案件，只有 4 个刑事案件。其中耗时最长的就是周纯卿遗产案。

1948 年，史良接办周纯卿遗产案，经过 1 年 4 个月的调查审理才最终结案。根据《律师公会章程》规定，律师费可取当事人所得财产的千分之五。

这个案件，史良的审理令各方满意，但是周纯卿的各继承人手里当时没有足够的现金。于是，将南京西路 806 号花园一墙之隔的这幢三层楼花园洋房作为酬资送给了史良。

此外又送给她 10 余幢七浦路里弄房屋。

上海静安区曾经有两处被称为"周家花园"的地方，哥哥周湘云的周家花园叫"学圃"，位于富民路西，延安中路与巨鹿路之间，今天的延安饭店就是当初"学圃"的所在地；周纯卿的周家花园叫作"纯庐"，位于乌鲁木齐中路西侧的华山路上。经过半个世纪之后，往日的"纯庐"现作为华山医院花园对外开放。

史良作为律师，在上海滩几乎无人不晓。

1900 年 3 月 27 日，史良出生在江苏常州和平南路 143 号，史良在自己的回忆录中这样描述自己的童年：

　　史良有着中国传统女性的温婉气质，眼神里却又有不同于常人的坚毅
和智慧，她以博学和正直见证了百年中国沧桑巨变。

我是江苏常州人，出身于一个知识分子的家庭。常州是江南的一个小城，邻近苏州、无锡。南朝梁人丘迟在《与陈伯之书》中所说的"暮春三月，江南草长，杂花生树，群莺乱飞"就是指这一片地方。我的幼年生活是在这美丽小城中度过的。我出生于光绪二十六年（一九〇〇年）。我的祖父和我的外祖父，都是前清的进士。我的父亲由于反对科举制度，故始终没有入考、没有做官，因此我家生活很清苦。我有姊妹八人，全靠父亲以教书的微薄月俸供给，经常吃不饱饭。还记得幼年时，父亲曾以"两袖清风，一窗明月"来形容自己的淡泊生活。我的母亲很能干，是一位贤淑的女性。在我们这样的家庭里做主妇是很不容易的，她每年冬天都要用大缸腌上一缸咸菜，每天吃饭的时候，切一点就饭吃。至于营养，那就谈不到了。

　　在史良还未成年的时候，家里把她许配给了一个有钱的刘姓人家。当父母把她的生辰八字送给刘家以后，史良就以绝食和父母赌气，最后，父母亲无奈终结了这门娃娃亲。

　　1922 年 7 月，史良从武进女子师范学校毕业后，来到上海，住在虹口窦乐安路，即今天的多伦路201弄。通过亲友资助和课余打工，就读于大同大学附属中学，后考入上海法科大学。

上海法科大学创始于1926年，由褚辅成、章太炎、王宠惠、蔡元培、王开僵、马君武、于右任、吴凯声等人发起成立，章太炎为首任校长。同年史良从上海法政大学转入上海法科大学，此后史良成为法学大家董康的得意门生。上海法科大学位于上海法租界蒲柏路，也就是今天的上海黄浦路重庆南路。

1926年9月6日，位于蒲柏路479号至483号（现太仓路）的上海法科大学举行首届开学典礼。

史良一开始并没有学习法律，她学的是政治，学了半年之后，感到政治太空洞，就经常与董康交流，董康是大法学家。这个人对史良后来成为律师产生了很大的影响。

1931年秋天，史良拿到律师证，开始在上海执业，这一年她31岁，虽然是初涉律坛，但史良迅速展现出惊人的律师才华。

一次，她把律师所得报酬500大洋双手递给母亲时，史良的母亲含着眼泪说："女儿已经为家庭经济分忧愁了。"那时史良的家境还很困难，500大洋，对史良全家的确是一件大事。

她一开始是在董康事务所做律师，因为声望非常好，很多资本家找她打官司，很快史良就跻身上海滩的名律师之列。并开始接手一些共产党进步人士的案子。这其中有一起案子使史良一举成名。

营救邓中夏

1933年5月16日清晨，天还没亮，上海辣斐德路辣斐坊一号的府邸就传来一阵急促的敲门声。来者将一封请柬递到了史良的手上。

辣斐德路就是现在的复兴中路，它是法租界一条东西走向的主干道，1932年冬天，史良在辣斐德路的辣斐坊一号即复兴坊一号开办了自己的律师事务所。

这是孙中山遗孀宋庆龄派人送来的请柬，邀请史良到上海莫利爱路29号自己的寓所。1932年12月，宋庆龄与蔡元培、鲁迅、杨杏佛等人在上海发起组织中国民权保障同盟。团结有识之士争取人民民主自由权利，为释放国内政治犯与废除非法的拘禁、酷刑及杀戮而斗争。通过广泛的社会活动和各种形式的斗争，营救革命者和爱国进步人士。为配合民盟的活动，史良和他们保持着良好的联系。

宋庆龄这次专门请来史良，是要她承办一起棘手的案件。

第一次来到宋庆龄寓所的史良得知，当时的上海法租界秘密抓捕了一名犯人，名叫施义。史良的任务就是要设法将他营救出来。这名犯人到底是什么身份？为何会引起法租界和宋庆龄等人的重视。

对于施义这个名字，史良并不陌生，她曾经接受施义的委托，到监狱探视一位名叫李瑛的女子。并为他们秘密地传递信件。在史良的回忆录中，她清晰地记得这件往事：

　　一九三三年的一个早晨，我还没有起身，就有一个人到辣斐德路辣斐坊一号我的住宅中来，要求见我。这人自称来自法租界巡捕房，他交给我用草纸折好的一封信，信内说，我因冤枉被捕，请史良律师速来巡捕房接见。具名施义。草纸包着两块银元，并写明请代给送信人大洋二元。我当即去嵩山路巡捕房和他见面，我交给看守他的华籍巡捕大洋三元，叫他给弄点水喝，巡捕会意就走开了。施义对我说，我担负着重要工作，请设法营救。他虽没有暴露自己的身份，但却以十分信任的态度相托，使我十分感动。我当即问他，有什么证据落在他们手里没有，施义说没有，只是因为走错了房屋，才被错捕的。我当即告诉他，我已决定接受这个案子，并叮嘱他，在法庭传讯时务必什么都不要承认。

　　宋庆龄告诉史良要设法在施义还没有暴露身份之前将他营救。特别是不能让国民党当局将施义引渡出法租界，为稳妥起见，史良请老师董康相助，董康时任司法部法官训练所所长，兼东吴大学、震旦大学法学院教授。

当时法租界的案子，一般是在高三分院内审讯，董康和史良分析后认为，当前最重要的，是不能让国民党把人给弄走。史良当时就去了嵩山路巡捕房见施义，问施义有什么证据落在他们手里没有，施义说没有。于是史良告诉他，会设法帮他打赢这个案子。

1933 年 5 月 18 日，此案在法租界的江苏省高等法院第三分院第一次开庭审讯，史良与董康一起出席，史良提出施义一案既发生在租界，案件的审理也应该在租界内执行。

开庭时，上海市警察局派人来要求把施义"引渡"到上海市警察局，由该局处理。史良当庭表示坚决反对，法院当天也没有做出裁定。史良事先还做了巡捕房律师顾守熙的工作，让他也反对引渡。

1933 年 5 月 23 日，高三分院第二次开庭，史良与董康等人一同到庭。上海市公安局当庭提交了正式公文，要求引渡施义和林素琴。史良和董康再次表示反对，并驳斥了上海市公安局的无理要求。

在上海，租界拥有行政自治权和治外法权。自 1849 年开埠以来，法租界在上海存在了 94 年，是近代中国法租界中开辟最早、面积最大，也最繁荣的一个。法租界的管理机构是公董局，法国驻上海领事馆可以运用法国的法律对刑事、民事案件进行审判。

租界的治外法权侵犯了当时中国的司法主权，但是它在政治上的中立，为当时营救被关押的政治党人（政治犯）提供了法律上的便利。所以租界也成为了各党人士（包括共产党在内）躲避国民党迫害的避难所。

施义在法庭上也始终坚持他的斗争，虽然每天被严刑拷打，但他始终咬定是被错抓的。自己就是来自湖南的教员，走错了房间才被抓到。

在史良和宋庆龄等人的努力下，法庭宣布判处施义 52 天有期徒刑，同时可以交保释放。然而，同时被捕的林素琴因为有叛徒指认，被引渡到上海市公安局，而且很快就叛变，交代了施义的真名其实是邓中夏，并指证之前被捕的李瑛是邓中夏的妻子。

一开始警方也不敢相信这位"施义"就是中共赫赫有名的领导人邓中夏。经过多方侦查核实，最终确认这位施义确实就是邓中夏。

邓中夏

　　邓中夏是中国共产党早期领导人之一，他在北京大学读书期间便开始从事工人运动，他既是杰出的工人运动领袖也是著名的无产阶级革命家，他在 1920 年协助李大钊创建北京的第一个共产党组织，中共二大邓中夏当选为中共中央委员。

　　1932 年 11 月，邓中夏临危受命，担任上海革命互济会总会主任兼团支部书记，重建被摧残和破坏的革命互济会。成功组织营救出陈赓、廖承志等人。上海及各地的革命互济会组织，在短短的几个月内便恢复起来。会员人数也超过了以前，然而，上海革命互济会总会援救部长林素琴已被叛徒盯梢，暴露了地址。

当时互济会里有一个叛变的人叫刘宏。但林素琴并不知道刘宏已经叛变，5月11日上午8时，刘宏跟踪林素琴到小沙渡槟榔路口，立即报告上海市警察局，局长文鸿志当即派人去捕房，实施拘捕。

1933年5月15日，邓中夏离开自己的住处，去找互济会援救部长林素琴研究和布置工作。然而，刚刚到达林素琴住处，法租界的巡捕暗探便一拥而入。

邓中夏到达林素琴住处后不久，法租界的巡捕房就突然派来大批巡捕、暗探，将邓中夏和林素琴逮捕，并在屋子里面搜出了大量的革命传单和书籍。

敌人为了抓林素琴却意外地捕获邓中夏。但当时巡捕房的人并不清楚他的身份。邓中夏坚持说他叫施义，是在湖南当教员的，来上海访友。当时只有及时地营救，才能让邓中夏脱身。

林素琴被引渡后，由上海市公安局交给了国民党特务机关"中央党部调查科"，在机要科长顾建中的威逼利诱下，她承认了自己的身份，并供出施义的真实身份。

在关押期间，邓中夏面对着严打拷问也没有松口，但有了林素琴的口供，特务立即侦查核实，确定了逮捕邓中夏的证据。

第二天，国民党中央党部调查科报告了蒋介石。当时蒋介石在江西南昌，下令"共产党人邓中夏即行枪毙"。随后，国民党中央党部和首都宪兵司令部等机关，立即派大员去上海，会同上海市公安局和上海警备司令部等机关，为"引渡"邓中夏进行紧张的活动。甚至不惜花费10多万现大洋，收买了法租界巡捕房的上上下下，并以国民党中央的名义，强令高三分院做出准许邓中夏"移提"的裁决。

当电报打到蒋介石那儿的时候，蒋介石确实喜出望外，立即给首都宪兵司令部的谷正伦发了一份电报，内容是说邓中夏抓到之后即行枪决。国民党派了一些官员到上海活动，买通了租界方面，要求重新审理邓中夏的案子。

1933年9月中旬，高三分院第三次开庭。虽然史良、董康等人据理力争，但因为有蒋介石的命令，最终营救失败。随后，邓中夏被押往上海警备司令部龙华监狱，很快又转到设在南京的中央宪兵司令部。

1933 年 9 月 21 日，正在黎明前黑夜中，宪兵从狱中把邓中夏绑了出来，法官问他："这是你最后的悔过机会了，你还有话说吗？"邓中夏用朗声大笑回答："我一生未做过需要后悔的事。"然后，他历数国民党的种种罪行，并高呼"中国共产党万岁"等口号，法官自觉无趣，急忙下令将他押往刑场。邓中夏在南京雨花台英勇就义，时年 39 岁。

为地下党员"保驾护航"

在营救邓中夏之前，史良就已经投身援助革命同志的工作。这些工作，有的是中共地下组织通过革命互济会和同盟会委托她办理，有的是中共地下交通站直接与她联系。

20 世纪 30 年代，上海法租界马浪路有一家酒店，名为天生祥酒行。它当时是中共的地下交通站，作为党与进步人士以及职业革命家联系的桥梁，负责传递信件，出面老板为佘书山。

佘书山曾长期从事党的秘密工作，但所留的资料很少，在周南强也就是佘书山的儿子的回忆文章中披露了一些事实。他说道：

"佘书山30年代曾担任上海国际济难会的会长。在政治上营救遇难的同志，在经济上接济困难者。佘书山在此期间营救了不少同志。"

佘书山的儿子周南强在回忆文章中写道：

"每当我走在上海复兴中路，徜徉在马当路和淡水路之间，儿时的情景便呈现在眼前。那是30年代的时候，第一次大革命失败后，我的父母接受党的嘱托，从北京来到上海，化名周瑞祉夫妇。创建了党的高级情报联络站。它的对外形式是天生祥酒行，而在这里开设一家不显眼的小酒店，对开展党的地下工作是再合适不过。但正是由于频繁的信件来往引起了国民党特务的注意，佘书山以共产党嫌疑的身份被捕后，由史良律师出庭辩护。"

史良在开始律师业务的第二年，通过上海法科大学同学郑观松认识了佘书山，并从此开始为许多共产党人办案。而郑观松和史良的深厚友谊是源于大学期间两人的一次入狱经历。

史良在校期间，曾因一首诗被时任国民党中央监察委员会的吴稚晖关押入狱，与她同时被捕的还有郑观松。在关键时刻，为营救史良，校长董康致信另一位国民党中央监察委员会蔡元培。当时蔡元培挂名上海法科大学董事，但在这非常时期，他会向史良、郑观松这两位年轻人伸出援手吗？

董康，中国近代著名律师、法学家，曾为修律大臣沈家本助手，直接参与清末变法修律的各项立法与修订工作。后出任汪伪政权要职，抗战胜利后被捕，1947年病死狱中。

当时吴稚晖抓史良的原因是因为看到她写过一首诗，感觉她像是共产党，其实他并没有任何证据，蔡元培得知后，一口答应了董康。

　　蔡元培生于 1868 年，浙江绍兴人，他早年参加反清朝帝制的斗争，民国初年主持制定了中国近代高等教育的第一个法令——《大学令》。后历任国民党政府委员兼监察院院长，中华民国首任教育总长。1916 年至 1927 年任北京大学校长，革新北大开"学术"与"自由"之风，奠定了中国现代教育的基础。

　　蔡元培亲自到监狱去探望史良。史良就说："这次坐牢使我惊异地看到中国监狱和中国司法的黑暗，更加明确了做一个律师的理想。"

　　在蔡元培的帮助下，两个月之后，史良终于被保释出狱。当她与郑观松回到上海时，政治环境依然险恶，国民党上海青年委员会公布共产党、共青团"跨党"人员名单，郑观松赫然在列。

　　郑观松是事务所的秘书，也是共产党的早期骨干成员，一直从事秘密地营救地下党员的工作。在组织里他是佘书山的下级。

1932 年初，史良和郑观松加入了革命互济会，担任该会律师。革命互济会的全称是中国革命人道互济总会，是国际革命人道互济会的分支机构，也是中国共产党的重要外围组织，其主要任务就是援救被捕的革命同志。

　　1933 年，任白戈加入中国左翼作家联盟，曾任左联宣传部长。同年 7 月，任白戈在上海家中被捕，互济会负责人亲自向史良说明这个案件的重要性，详细讲述了任白戈当时被捕的经过，并提供了有利于被告的证据。

任白戈

史良后来在回忆录中写道：

"这个案子是一九三三年办的，它的特点是严重而紧迫，但办得迅速而麻利。那是一个夏天，上海互济会的负责人告诉我，任白戈因共产党员的嫌疑而被捕了，有特殊理由必须紧急营救。我接受了这个案件，担任他的律师。首先设法找到法院方面的熟人，托其向警察局方面了解案情。回话说，任白戈是在中国地界被捕的，被捕时警察局掌握的证据并不充足，现正到处搜集证据。我听了以后，知道这案件相当紧迫，因为凡在中国地界被捕的，国民党特务往往不经司法程序，秘密处理。如果转到特务手里，就既不能出庭辩护，又无法前往会见，甚至连关押在哪里都可能不知道，情况十分危急。为了达到营救目的，我和一个法律界的人商量以后，决定出奇制胜，先托法院查到此人关押地点，然后直接通过法院人员公开向警察局提出，说此事是误会了，望允许保释。当时警方确实没有掌握证据，而只把他作为一个思想左倾分子，未予重视，既是法院方面熟人提出，落得卖个面子。这次营救是采取快速战术，在敌人还没有来得及转到特务手里的时候，先解决了问题。在历次案件中，这次最为大胆，是别开生面之举。警察局显然没有意识到这一案件的重要性，更没有想到我们竟敢于采取如此直接方式营救重要人物，而把他释放了。更有趣的是，与任白戈同时被捕的，还有另一位地下党员，警察局认为，既然任某不是重要人物，此人亦必不是地下党员，次日就把他也释放了。"

史良这次营救是采取快速的战术，在敌人还没来得及将任白戈转到特务的手里时，先解决问题，当时警察局显然没有意识到这一案件的重要性，更没有想到有人竟敢采取如此直接的方式来营救这样重要的人物。

在办理此案过程中，史良认识了法租界巡捕房的陆殿栋。作为此案的审讯翻译，陆殿栋开始与史良接触，这使得他与史良律师事务所所在的辣斐德路辣斐坊结下了不解之缘。

两人接触多了，他觉得史良这个人富有政治正义感，同时非常精通法律。在经常为史良通消息的过程中他对史良产生了好感，后来史良也认为这位在租界工作的人很有中国人的正气。两个人产生了爱慕之心。

　　史良和陆殿栋不仅有着浪漫的爱情，而且在事业上志同道合，是让人
羡慕的神仙眷侣。

1937 年，史良与陆殿栋在上海举行婚礼，在上海滩动荡的时局下，他们两人的爱情，不是花前月下灯红酒绿，而是内心历经沧桑后的皈依。

女中豪杰

1935 年，"一二·九"学生抗日救亡运动后，全国抗日救亡运动进一步高涨。

1936 年 5 月 31 日至 6 月 1 日，全国各界救国联合会在上海举行成立大会，史良是 14 位常务委员之一。史良同沈钧儒、章乃器、沙千里作为救国会的代表到南京请愿，并积极参加抗日救亡的宣传活动，1936 年 11 月 22 日，南京国民政府以"危害民国"罪在上海逮捕救国会领导人沈钧儒、李公朴、章乃器、邹韬奋、王造时、沙千里、史良等人，但因证据不足暂时释放，然而 10 小时后他们再次被抓。史良因为事先得到消息而逃脱，在上海继续暗中活动安排救国会的各项工作，一个月后她化装成进香的贵妇人，主动从上海到苏州高等法院投案自首，与其他救国六君子一起为"爱国有罪"坐牢。这就是轰动一时的"七君子事件"，毛泽东因此曾赞誉她为"女中豪杰"。

"七君子案"的诸多细节，因为刻骨铭心，所以在史良的回忆录中，我们可以看到清晰的脉络。

江苏高等法院检察官的起诉书，是四月三日发出的。它所列举的"犯罪事实"有十条之多，其最中心的问题是救国会所提的口号与共产党所提的口号完全相同，因此救国会实与共产党通同一气。六月七日，我们向法院递交了答辩状，对于起诉书上所列的十条罪状逐条予以批驳。在答辩状的最后，我们写道：据上陈述，可知被告等从事救国工作，无非欲求全国上下团结一致，共即外侮，与政府历来之政策及现在之措置，均无不合。所列犯罪证据十款，无一足以成立。望法院乘公审理，依法判决，宣告无罪，以雪冤狱，而伸正义。答辩状送去以后第四天，就开始审理了第一次是六月十一日下午，山刑事第一法庭审理，除家属和新闻记者外，禁止旁听。我是七个人中最后被传讯的，审判长问的问题非常可笑。他先问我："全救大会宣言和纲领是什么意思？"我最简要地答复他说："团结抗日。"他于是问：你赞成各党各派联合救国吗？我说："凡是中国人，除汉奸卖国贼外，都应该联合一起抗日的。"审判长见我回答得如此明确坚定，就挑衅地问道："联合各党各派是联合共产党吗？"我从容地答："救国会的意思是任何党派都要联合，不管它是国民党也好，共产党也好，不分党派，不分阶级，不分男女，分的只是抗日不抗日。"审判长听我的这段答话，知道我这个人不好对付，于是进一步挑衅了。他问道："建立统一的抗敌政权是不是另组政府？"我答道："政府与政权有区别的。政府是国家的机构，政权是这个机构发挥的力量。比如说五权宪法的五权也就是政权，并不能说要五个政府。我们主张扩大政权，并不是要另组政府。"他又问："你反对宪法吗？"我说："我没有反对宪法，而是在国难深重的时刻，喊出大众的呼声，要求抗日救亡。"对审判长提的挑衅性问题，丝毫也不退让。审判长脸红脖子粗，气急败坏地说："你们主张联合各党各派，这不是共产党提出的口号吗？"转来转去，他们还是转回到老问题上了。我随即严正驳斥他说："救国会主张不分阶级、不分党派、不分男女，一致抗日救国，是由于全国国民的要求，不是跟着共产党喊的口号。"最后，审判长问道："你知道救国会是违法的吗？"我说："不知道！我认为起诉书对援引的《危害民国紧急治罪法》是绝对错误的。如果一个国民真的不符《危害民国紧急治罪法》，在今日，也只有劝导才是道理。我们并没有犯罪，把我们所有的抗日行动和救国主张硬拉到危害民国上去，我真不知道你们的用意何在？"审判长被我驳得理屈词穷，只好问道："救国会登记了没有？"我说："本来要登记的，但因怕你们政府为难，所以没有登记。因为政府如果准许我们立案，日本人一定要和政府过不去。但事实上我们多次和政府接洽，包括到南京请愿，政府都是接待的，可见我们实际上已得到批准，救国会是一个完全合法的组织。"我和他们唇枪舌剑，在正直的斗争中他们完全失败了。六月二十五日，第二次审理又开始了。这次审理还像上次一样，先在法院门前挂了一个牌子，说除家属和新闻记者以外一律不许旁听。二次审理时，审判人员作了调动，但所问的问题还是那一套。最可笑的是，审判长竟然问道："你们被共产党利用，知道吗？"李公朴代表大家答复了这个问题，他说："四万万人都要抗日，我相信审判长也是要抗日的，难道也被共产党利用了吗？"这位审判长又和上次那位一样，被我们反驳得狼狈不堪。这样的审理共进行了五次，他们始终一无所得。我们案件的审理情况，当时的报纸都登载了。反动派的倒行逆施，激起广大人民群众的反抗。上海市民举行了援助沈案市民大会，发表了宣言，严正要求政府立即释放救国会领袖。国民党反动派的恶劣行径，只不过是搬起石头砸自己的脚，使自己的处境更尴尬罢了。

史良作为律师当时的收入一直是非常不错的，也不缺钱花。在她最后的回忆录中曾经记载，第一桩案件胜诉挣得律师费差不多就有 500 大洋，那么在 1935 年一年当中，她差不多做了 3 万元的案子，所以，平均每月收入应当至少在 1000 元以上。

在史良的律师生涯后期，她一方面积极办案，一方面在国民党的监控下，机智顽强地从事民盟的地下工作，在宣传民主、保护民盟组织、联系群众等方面做了许多工作。

1941 年 4 月 1 日，史良加入了重庆律师公会，恢复律师业务以后，接办的第一件案子便是国民党重庆市公安局抢占民房的事件。

史良旧居

1941 年 12 月 18 日，史良被中华药房经理张九皋聘请为常年法律顾问，不久，中华药房和福民实业股份有限公司的一桩官司，摆在了史良的案头。中华药房自 1933 年和 1935 年先后租赁赖郁周在重庆市的两处房屋作为营业地址，按照双方契约，房租年付，房租已预交至 1942 年 9 月。不料，赖郁周于 1941 年上半年将其中一处房屋出售给福民公司。福民公司遂令中华药房腾出房屋。中华药房依据契约，拒绝搬迁。1942 年 8 月 20 日，福民公司请求重庆市社会局调处。社会局限中华药房于 11 月底以前搬迁完毕。中华药房以双方所订契约，要求社会局再行调处。12 月 13 日，社会局第二次调处，裁决如下："查中华药房与原业主赖郁周尚有债务纠葛，已在地方法院涉讼有案，自应饬候法院解决。该张九皋所请转函警察局免予饬令搬迁，尚无不合，应候函知。"

然而福民公司无视社会局的裁决，18 日上午，由重庆警察局第一分局强制执行，将中华药房门面招牌、货架药品以及所有家具等全部捣毁，挂上福民公司的招牌。

21 日，史良代表中华药房在大公报上刊登启事，要求福民公司赔偿中华药房财产及业务、名誉上的一切损失。26 日，福民公司也在大公报上登载《答复重庆中华药房经理张九皋、史良律师代表中华药房启事之启事》，声称：史良故意颠倒事实真相，混淆视听。28日，史良对此进行了驳复，史良指出，《民法》第425条明文规定：出租人于租赁物交付后，纵将其所有权让与第三人，其租赁契约对于受让人仍继续存在。因此，"中华药房与赖郁周所订之租约，自仍对新买主福民公司继续有效，并不因所有权人移转而消灭其租赁关系，中华药房即无向新买主福民公司重行投佃立约之必要"。

对于这桩官司，史良在回忆录中是这样说的：

一九四二年，当时我已在重庆恢复了律师业务。在我恢复律师业务以后，第一件案子是国民党反动派的重庆市公安局强占民房的事件，我代表当事人大中华药房，在重庆《大公报》上以半版篇幅对反动政府公安局的违法行为进行了公开谴责，这激怒了反动派，蒋介石亲自向妇女团体指导委员会进行了申斥，在此情况下，我被迫退出了妇女团体指导委员会。但我仍然继续坚持向压迫人民的黑暗势力进行斗争，后来，大中华药房案件终于在舆论支持下取得了公平解决，但我和宋美龄的关系就从此中断了。

上海解放的前夕，国民党也派人搜查了她的住宅，并且秘密下令要逮捕她，在这危难之际，上海解放，史良幸免于难。

起草《婚姻法草案》

1949 年 3 月 23 日，100 辆卡车和 20 辆吉普车从中共中央所在地河北西柏坡开往古都北平，此行中的妇女运动委员会的工作人员携带着一份重要文件，那就是刚刚完稿的《婚姻法草案》。而草案的起草者之一就是史良。

婚姻法中废除了包办强迫、男尊女卑等封建主义婚姻制度。开始实行婚姻自由，男女平等，一夫一妻制，用法律的形式赋予了妇女婚姻自由的权利。而这些法律条款中一夫一妻等制度其实都是当时史良在立法时所极力倡导的。

在史良早期办理的案件中，除了几起轰动的政治性案件外，妇女案件及婚姻案件也为数不少。在她的回忆录中我们可见其端倪：

宋庆龄和史良

"我记得有这么一个案件，一位劳动妇女，子女很多，家境困难，而她的丈夫一点也不体谅她，还经常打骂她，有时丈夫喝醉酒回来，把她打得全身青一块、紫一块，她实在忍受不了，向我诉说她的冤情，要求以不堪虐待为理由同丈夫离婚。这位劳动妇女自己有工作能力，在纱厂当工人，她的要求是很正当的。但后来经亲友劝解，官司没有打成，哭哭啼啼地回去了。以后她的丈夫是否还继续虐待她，就不知道了。像这样类型的案件还有很多，总的特点是受男人虐待，苦不堪言，要求离婚，以解除夫权的束缚。具体到每个案件，又各有特点，有些情节比较复杂，但从根源上看，都是因大男子主义而引起。"

　　1949 年 6 月，史良辗转来到北平，而先于她到达的还有她的老朋友沈钧儒等人。10 月 1 日在天安门城楼上，他们见证了新中国的诞生。1949 年 10 月 19 日，中央人民政府委员会召开第三次会议。通过了对政务院组成人员的任命，其中司法部长为史良，当时民盟另一个主要领导人沈钧儒担任最高人民法院院长。

　　史良在担任司法部长期间为第一部《婚姻法》的制定和

实施花费了不少的心血，这部《婚姻法》由中共中央妇女运动委员会在西柏坡完成了草案的初稿。史良之所以特别强调保障妇女权益，是因为她在从事律师工作过程当中遇到了太多太多的妇女遭受封建婚姻压迫的案件。

1950 年 5 月 1 日，《婚姻法》正式公布实行，这是新中国妇女彻底解放的标志。

法律不但禁止重婚和纳妾，还明文规定妇女一方有权提出离婚。《婚姻法》被国际法学、社会学者评价为"恢复女性人权的宣言"。

1985 年 9 月 6 日，史良因病在京逝世，终年 85 岁。她身后没有留下任何遗产，在整理她的遗物时，亲属发现了中央人民政府政务院秘书厅 1953 年 5 月的一份复函，内容提及史良将早年从事律师业务所得的上海南京西路 834 号，原名南海花园饭店，和其他房产一起，全部捐献给了政府。

后 记

用影像打捞中国法治史上的"第三张面孔"

　　《民国大律师》由中央电视台社会与法频道《见证》栏目的同名系列纪录片衍生而来。对于将近 20 年历史的《见证》来说，节目出书已经不是第一次，从早期的《百年中国》《城市影像》到后来的《一个时代的侧影》《沧桑之变—图说改革开放 30 年百姓生活》《甲子记忆》《那场风花雪月的往事》……但自 2011 年，《见证》栏目移师 12 套，秉承频道宗旨重新定位为"揭秘大案悬案，探寻法理脉络；记录故事现场，见证法治变迁"之后，虽然先后成功制作播出了《百年警察—武汉 1911》《大理寺》《紫禁城疑案》《足迹密码》《驯火记》《法租界·巡捕房》《铁证如山—DNA 科技探案》《百年警察—香港 1997》等体现《见证》应有的法治精神和文化自觉的优秀系列法治历史纪录片，受到业界与观众好评，但将节目延展为图书，《民国大律师》却拔得头筹。因此，首先感谢团结出版社和韩旭编辑。

在"依法治国""以德治国"上升到治国方略的大背景下，作为国内唯一上星的法制专业频道的一员，《见证》的纪录片节目形态，客观平实的记录方式，可以秉承其独特的人文视角，建立起节目的品质，从节目形态和内容形式上与社会与法频道其它栏目互为补充，扩充节目阵容，丰富节目形态，拓展节目内涵，彰显文化底蕴，立足高端，辐射大众。我们开始以法治变迁为突破口，深入开掘系列化选题，突出了"法理"和"法治"的内容定位，承载法治义化DNA，传播主流价值观，以历史的眼光和专业品质挖掘和呈现一份份珍贵的影像档案，于是便有了包括《民国大律师》在内的一系列法治历史纪录片，并在业界和观众中产生了一定影响力。

1913年10月2日，当中华民国司法总长梁启超颁给曹汝霖第0001号《律师证书》，律师，这一在西方绵延了百余年的舶来职业才正式登陆中国，成为中国公堂上除官老爷和嫌疑犯之外的第三张面孔，并在刚刚兴起的法庭上渐渐明晰和生动起来，在政府、官僚和平民中称量着道义和准则。

说起民国历史就滔滔不绝的"历史迷"韩松，最后成为《民国大律师》的总导演，但节目的制作过程并不轻松。由于文字档案的欠缺，影像资料更是乏善可陈，光是前期调研，他带领团队就进行了近一年的时间。我们按照国际通行的纪录片制作模式，进行主题内容——故事大纲——文学本大纲——文学本写作等多个回合的工作，初步文案形成后，我又和编导们反复讨论、修改，然后投入拍摄制作，第一季四集《民国大律师》终于在2015年6月播出，并获得2015—2016年度全国电视法制节目创优评析专题节目和纪录片类一等奖。第二季四集又经过两年的筹备和制作，在2018年1月播出，并获得2017—2018年度全国电视法制节目创优评析专题节目和纪录片类二等奖。

《民国大律师》选取的曹汝霖、章士钊、宋铭勋、吴凯声、朱斯芾、郑毓秀、纪清漪、史良八位律师或声名显赫，或寂寂无闻。而有意思的是，曹汝霖、章士钊、史良在历史上的鼎鼎大名与他们在律师行业的作为几乎无关。《民国大律师》正是从"律师"这一特定的视角出发，首次用影像梳理中国自有现代律师以来的百年历史，将中国律师的发展变迁与整个国家社会环境的变迁有机结合，用故事化和细节化的手段，通过晚清至民国不同时期的典型案例、相关法规的制定、律师的活动轨迹交织着具有传奇色彩的个人经历，用纪录片的方式深刻讲述晚清、民国期间中国律师业的发展行进历程，再现一百年前的生活侧面，展现当时的社会心态以及不同社会力量的回响；集中反映民国律师制度的变迁，从而透射出民国时期的法律变迁特点，以及他们对后世留下的深刻烙印，及其在法制体系建设中发挥的重要作用。

对于习惯于宏大叙事的历史学家来说，"打官司"也许只是历史的边角料，但在如今"依法治国"的理念和实践下，梳理和回望律师发展历史、真实地认知前辈们筚路蓝缕的艰辛，让他们以纪录片和书籍的方式重新焕发光彩，就具有了极其重要的现实意义。

姚友霞

中央电视台社会与法频道《见证》制片人

2018 年 12 月 5 日

中央电视台《见证》栏目
《民国大律师》节目制作人员名单

制 片 人：姚友霞

编　　 导：韩 松　　于 雪

节目统筹：郑 烨　　王银新

摄　　 像：于 晋

片头题字：杨小强

解　　 说：方 亮

责任编辑：王 恺

制片主任：康 恺

监　　 制：段晓超

总 监 制：王广令